D1730613

Bald nun ist Osterzeit

Herausgegeben von Ilona Ranze-Kaluza
Illustrationen von Elke Junker und Iris Buchholz

Verlag Ernst Kaufmann

Die Deutsche Bibliothek – CIP-Einheitsaufnahme

Bald nun ist Osterzeit: hrsg. von Ilona Ranze-Kaluza.
Ill. von Elke Junker und Iris Buchholz. – Lahr: Kaufmann, 1999
ISBN 3-7806-2476-1

1. Auflage 1999*
© 1999 Verlag Ernst Kaufmann, Lahr
Dieses Buch ist in der vorliegenden Form in Text und Bild
urheberrechtlich geschützt. Jede Verwertung ist ohne
Zustimmung des Verlags Ernst Kaufmann unzulässig und strafbar.
Dies gilt insbesondere für Nachdrucke, Vervielfältigungen,
Übersetzungen, Mikroverfilmungen und die Einspeicherung und
Verarbeitung in elektronischen Systemen.
Printed in Germany
Umschlagbild von Astrid Leson
Hergestellt bei Kösel GmbH, Kempten
ISBN 3-7806-2476-1

Inhalt

Der Tod ist nicht das Ende – Geschichten vom Trösten

Wo der Himmel ist – Geschichten von der Auferstehung

Was damals geschah – Geschichten aus der Bibel

Nicht nur Eier und Hasen – Geschichten über das Osterfest

---

* = Gedicht

Vorwort

Mit Kindern Ostern feiern, aber wie? Diese Frage stellen sich viele Eltern und Erziehende, die unter Ostern mehr verstehen als Eier anfärben und Süßigkeiten verstecken.

Die Geschichten dieses Buches möchten anregen, sich mit Kindern auf die Suche nach dem tieferen Sinn des Osterfestes zu machen. Wer sich darauf einlässt, wird bald merken, dass er sich dabei den elementaren Fragen des Lebens nähert. Sich mit ihnen auseinanderzusetzen bietet die Möglichkeit, die Passions- und Osterzeit mit Kindern sinnvoll zu gestalten.

Kinder sind im ursprünglichen Sinn religiös. Sie fragen nach dem Woher und Wohin. Dieses sind auch die zentralen Themen der Osterbotschaft, von denen die Geschichten dieses Buches erzählen: Tod und Leben, Trauer und Hoffnung. Das Buch möchte Mut machen, sich diesen schwierigen Themen zu nähern – nicht abgehoben und abstrakt, sondern so, wie sie Kindern im Alltag begegnen, in Texten, die die Spannbreite des Lebens umfassen. Im Nachdenken über die Geschichten, im gemeinsamen Gespräch können auch Eltern, die sich religiös nicht verwurzelt fühlen, den Sinnfragen ihrer Kinder einen Raum geben.

Die Geschichten zur Osterzeit sind zum Vorlesen gedacht. Für die Auswahl der Texte war wichtig, dass sie Denk- und Gesprächsanstöße bieten, der Fantasie Entfaltungsmöglichkeit bieten und eigene Erfahrungen lebendig werden lassen. Die Geschichten wollen Hoffnung verbreiten, denn die Botschaft von Ostern verspricht: Das Leben siegt über den Tod.

Neues Leben überall

Geschichten vom Frühling

Gedanken zum Thema

Wenn die ersten Märzbecher und Krokusse den Frühling ankündigen, atmen die Menschen auf. Endlich ist die lange dunkle Zeit überstanden. Alles erscheint in neuem Licht.

Auch die Kinder erwarten die wärmere Jahreszeit mit Ungeduld. Aus der Enge der Wohnungen drängen sie hinaus ins Freie. Aber es sind nicht nur die größeren Spielräume, die den Frühling so reizvoll erscheinen lassen, sondern auch die Veränderungen, die auf geheimnisvolle Weise ringsum geschehen: Aus scheinbar toten Ästen wachsen neue Blätter, aus scheinbar toter Erde entwickeln sich Pflanzen und Blumen. Exemplarisch vollzieht sich in der Natur Jahr für Jahr das Wunder des Lebens.

Die Geschichten dieses Kapitels wollen in Kindern das Bewusstsein für diese Wunder, für die verborgenen Geheimnisse der Natur wecken. Vielleicht regen sie dazu an, selbst hinauszugehen und zu sehen.

Kinder haben große Freude am Entdecken. Eine Lupe, ein Zeichenblock und Stifte sind einfache Mittel, um Beobachtungen zu vertiefen. Wer mit solchem „Forschergeist" die Vorgänge in der Natur verfolgt, wird fast selbstverständlich Bewunderung empfinden und Pflanzen und Tieren mit Achtung begegnen.

Die Freude an den Wundern der Natur verbindet sich mit dem Gefühl der Verantwortung, sie in Schutz zu nehmen. Kinder nehmen diese Aufgabe sehr ernst. Geschichten, die erzählen, wie Kinder und Erwachsene sich einsetzen für scheinbar Unwichtiges, Nebensächliches, machen Mut, sich im eigenen Umfeld zu engagieren.

Für jüngere Kinder ist die Natur beseelt. In vielen Märchen und Geschichten ist dieses magische Naturverständnis noch lebendig. Mit dem Älterwerden verlieren die Kinder diese besonders enge, fantastische Beziehung zur Natur. Medien und Naturwissenschaften fördern eine realistische Sichtweise und verdrängen die Fantasie. Man sollte gewiss nicht das eine gegen das andere ausspielen. Aber ohne Fantasie geht uns das Gefühl für das Einmalige und Wunderbare verloren und dafür, dass die Zerstörung der Umwelt nicht nur unsere materiellen, sondern auch unsere emotionalen Grundlagen berührt.

Vielleicht probieren Sie mit Kindern ein Spiel, das Fantasie und Erzählfreude in gleicher Weise fördert: Machen Sie einen Spaziergang in den Wald und regen Sie unterwegs die Kinder dazu an, auf Pflanzen und Tiere (Ameisen, Käfer, Vögel) zu achten. An einem schönen Ort – auf einer Lichtung oder an einer Schutzhütte – lassen Sie sich gemeinsam nieder. Nun darf jedes Kind in die Rolle einer Pflanze oder eines Tieres schlüpfen und darüber eine Geschichte erzählen.

Ein anderes Thema der Erzählungen in diesem Kapitel ist der Rhythmus der Jahreszeiten, der im Kreislauf der Natur sichtbar wird und auch das Handeln und Fühlen des Menschen beeinflusst. Die Geschichten erzählen bildhaft von der engen Verbindung, die zwischen Mensch und Natur besteht.

Darüber hinaus nehmen die Geschichten die Natur zum Anlass, um auch von anderen Dimensionen zu erzählen: Von der Zeit, vom Warten, von Vergänglichkeit und Verwandlung und von der Hoffnung auf neues Leben. So sind Frühlingsgeschichten im tieferen Sinn immer auch Ostergeschichten.

Derselbe Sommer kommt nicht wieder

eißt du sicher, dass es einmal wieder Frühling wird?", fragt Babsy
ihre Mutter, als sie durch die Stadt spazieren.

„Ja", sagt die Mutter.

„Woher weißt du es?", will Babsy wissen.

„Es ist immer wieder Frühling geworden."

Sie bleiben vor den Schaufenstern stehen und schauen sich die Stiefel an und die Pelzmützen.

„Wo kriegen die Bäume die neuen, grünen Blätter her?", fragt Babsy, als sie durch den kleinen Park gehen.

„Sie kommen aus ihnen heraus", sagt die Mutter. „So, wie die Gedanken aus dir herauskommen."

„Hm", macht Babsy.

Die Mutter holt eine Tüte mit Brotkrumen aus der Tasche und sie füttern die Enten, die über den Eisrand des Weihers herangewatschelt kommen.

„Im Sommer saß ein kleiner Junge mit einer Mundharmonika hier", sagt Babsy.

„Und auf der Bank die dicke Frau, die strickte."

„Und dann war da noch der Hund – weißt du, der, der immer Löcher gebuddelt hat. Wo sind die alle? Ich meine", setzt sie hinzu, „wo ist der ganze Sommer? Kommt er wieder?"

„Nein", sagt die Mutter und sie lässt einen Schwan aus ihrer Hand picken. „Derselbe Sommer kommt nicht wieder."

„Ist er einfach fort?", fragt Babsy.

Die Mutter nimmt Babsy an die Hand. „Nein", erwidert sie. „Er ist nicht fort. Nichts, was gewesen ist, ist einfach fort. Er ist in dir. Wenn du deine Augen zumachst, kannst du ihn sehen."

Da schließt Babsy schnell die Augen. Und wahrhaftig – alles ist grün! Der kleine Junge spielt Mundharmonika, die dicke Frau sitzt auf der Bank und der Hund buddelt Löcher.

„Mm", meint Babsy. „Wird das, was heute ist, morgen auch in mir drin sein?"

„Ja", sagt die Mutter.

Gina Ruck-Pauquèt

Februar

Es ist ein großes
Warten
im Februar
im Garten.

Die Amsel gickst,
sie will singen,
doch ganz
will's noch nicht gelingen.

Bald wird mein Garten
voller Schneeglöckchen sein.
Bald fällt meiner Amsel
ihr Lied wieder ein.

Josef Guggenmos

Der verwandelte Schneemann

Mitten in einer abgelegenen Wiese stand einsam ein Schneemann. Der hatte sich mit einer Krähe angefreundet; und da sie beide sonst keine Gesellschaft hatten, schwatzten sie oft miteinander. Dabei erzählte die Krähe dem Schneemann vom Frühling und das tat sie mit solcher Begeisterung, dass der Schneemann ordentlich Sehnsucht nach dieser schönen Jahreszeit bekam.

Eines Tages sagte er zur Krähe: „Weißt du was: Wenn es Frühling ist, werden wir zusammen über die Wiese spazieren. Dann zählen wir die Blumen, von denen du so schwärmst!"

„Blödsinn", schnarrte der schwarze Vogel. „Im Frühjahr wirst du schmelzen und als Wasser im Boden versickern. Das passiert allen Schneemännern. Der Frühling macht keine Ausnahme."

„Auch nicht, wenn ich ihn herzlich darum bitte?", fragte der Schneemann.

„Auch dann nicht!", antwortete der Vogel sehr bestimmt.

Da kullerten Tränen aus den Kohlenaugen des Schneemannes. Sie rannen ihm über die weißen Wangen und gefroren auf der Brust, wo sie wie zwei Perlenschnüre anzusehen waren.

Das rührte die Krähe. Sie dachte einen Augenblick nach und sagte schließlich: „Ich will dem Frühling entgegenfliegen. Vielleicht macht er bei dir doch eine Ausnahme."

Ehe der Schneemann dem Vogel danken konnte, war er schon aufgeflattert und davongeflogen. Nach Süden.

Schon am nächsten Tag traf die Krähe den Frühling und trug ihm ihre Bitte vor. Leider hat auch der Frühling nicht die Macht, mitten in einer blumenreichen, warmen Maiwiese einen Schneemann stehen zu lassen. Aber dafür hat der Frühling immer gute Laune, denn das gehört zu seinem Charakter. Außerdem ist er ein berühmter und erfolgreicher Tröster.

So sagte er zur Krähe: „Wenn der Schneemann auch schmilzt, meine Liebe, so wirst du ihn doch im nächsten Jahr wiedersehen."

„Wieso?", fragte verblüfft der schwarze Vogel.

„Nun", erwiderte heiter der Frühling, „er wird sich dreimal verwandeln, dann aber kehrt er zu dir zurück. Zuerst wird er schmelzen und als plauderndes Wässerchen in den Bach rinnen. Mit dem Bach läuft er in den großen See hinter den Hügeln. Dort wird er schillernde Fische sehen und Wasserpflanzen und den gefährlichen, spitzmäuligen Hecht."

„Das wird den Schneemann freuen", sagte die Krähe.

„Oh, er wird noch viel mehr sehen", fuhr der Frühling fort. „Eines Tages, vielleicht an einem heißen Julitag, wird ihn die Sonne in feinen Wasserdampf verwandeln; dann wird er aufsteigen in den Sommerhimmel und ein Wölkchen werden. Es wird dich im Fluge begleiten; es wird unter sich das grüne Land sehen und über sich den blauen Himmel. Einmal aber wird die Wolke dem Himmel zu schwer werden. Sie wird in dicken Tropfen zurückfallen in den See, und wieder wird der verwandelte Schneemann zwischen Fischen und wehenden Wasserpflanzen sein. Doch abermals wird er zum Himmel steigen und abermals in den See zurückfallen."

„Aber wann wird er wieder ein Schneemann sein?", fragte ungeduldig die Krähe.

„Wart's doch ab", lächelte der Frühling. Und dann fuhr er fort: „Im Dezember, vielleicht sogar schon im November, wird der verwandelte Schneemann wieder als Wolke am Himmel treiben. Und auch diese Wolke wird dem Himmel eines Tages zu schwer werden. Dann aber wird sie nicht in Tropfen niedersinken, sondern in Flocken. Als Schnee. Und der Schnee wird auf eure abgelegene Wiese wirbeln. Und eines Tages werden Kinder kommen und einen Schneemann daraus machen. Dann hast du deinen alten Freund wieder. Aber er wird klüger sein als zuvor; denn er wird viel gesehen haben."

„Wenn das kein Märchen, sondern Wirklichkeit ist", sagte die Krähe,

„dann wird der Schneemann keine Angst mehr vor dem Zerschmelzen haben."

„Es ist Wirklichkeit", lächelte der Frühling.

Da flog die Krähe zum Schneemann zurück und erzählte ihm alles, was der Frühling gesagt hatte. Und der Schneemann war getröstet und erwartete gelassen und heiter seine Verwandlungen im steigenden Jahr.

James Krüss

Der Baum und das Schneeglöckchen

A m Waldrand, dort, wo sich Fuchs und Hase zuweilen ‚Gute Nacht'
sagen, hatte sich ein Baum angesiedelt. Viele Jahre lebte er dort, ließ
seine Blätter im Wind singen und die Vögel in seinem Geäst nisten.
Von Zeit zu Zeit versuchte er, mit seinen Nachbarn ins Gespräch zu
kommen. Doch die Fichten waren stolz, die Kiefern nicht sehr ge-
sprächig und der Holunderbusch hatte mit sich selbst zu tun.
„Ich muss blühen und Früchte tragen, blühen und Früchte tragen – immer
wieder. Das nimmt mich schon genug in Anspruch", pflegte er zu sagen.
Eines Tages hörte der Baum ein leises Läuten in der Nähe seiner Wurzeln.
Ein winziges Schneeglöckchen wiegte sein grünweißes Köpfchen.
„Schneeglöckchen, wohnst du schon lange hier?", fragte der Baum.
„Nein, ich kam vergangene Nacht", antwortete die kleine Blume.
„Hübsch bist du, Kleines", schmeichelte der Baum, um das Gespräch fort-
führen zu können.
„Groß und stark bist du", erwiderte das Schneeglöckchen. „Sicher hast du
viele Freunde."
„Ach, wo denkst du hin! Alle sind nur mit sich beschäftigt", klagte der
Baum.
„Wenn du willst, können wir uns unterhalten", sagte die Blume zaghaft.
So geschah es, dass sich zwischen dem großen Baum und dem winzig klei-
nen Schneeglöckchen eine tiefe Freundschaft entspann.
Doch eines Tages vernahm der Baum das helle Läuten nicht. Er schaute,
suchte seine Freundin und entdeckte sie mit welken Blättern.
„Du, mein Kleines!", rief er. „Was ist dir?"
„Ach, ich bin so müde. Ich werde jetzt schlafen, lange Zeit schlafen. Aber
ich komme wieder!"
Der Baum sah das Schneeglöckchen von Tag zu Tag müder werden. Und

je höher die Sonne stieg, desto weniger wurde das Blümchen, bis es eines Tages ganz verschwunden war.

„Schneeglöckchen wird wieder kommen", tröstete er sich. „Vielleicht muss ich nur noch stärker und schöner werden." Er reckte die Knospen, trieb wunderschöne Blätter, denen der Wind zärtliche Lieder entlockte.

Den ganzen Sommer lang bemühte er sich, doch von seiner kleinen Freundin erhielt er kein einziges Zeichen. Da wurde der Baum traurig.

„Schneeglöckchen schläft, schläft zu lange, schläft für immer", sagte er zu sich und wurde vor Traurigkeit selbst immer müder. Seine Blätter welkten. Der Herbstregen wusch sie ihm von den Zweigen. Es schien, als wolle er das Schneeglöckchen mit dem Laub zudecken und warm halten. Später bedeckte der Schnee das Laub, die Wurzeln und Äste.

„Ich möchte auch sterben", flüsterte der Baum dem Wind zu. Doch der blies nur rauh und rief: „Warte es ab!"

Die Nächte wurden lang, sie wurden wieder kürzer. Der Baum stand stumm und einsam. Selbst dem Holunderbusch, der jetzt etwas Zeit hatte, antwortete er nicht auf sein Geplauder.

Doch plötzlich – eines Tages – vernahm er ein feines Läuten. Neben seiner Wurzel reckte das Schneeglöckchen das Köpfchen empor.

„Schneeglöckchen, Kleines!", rief er glücklich.

„Baum, du Starker!", freute sich das Schneeglöckchen. „Du hast mich nicht vergessen."

Da fühlte der Baum die Säfte in sich emporsteigen, spürte neue Kraft und trieb herrliche Knospen.

Dietlind Steinhöfel

Gras unterm Schnee

Das war jetzt alles vorbei – die Fußballspiele, die gemeinsamen Hausaufgaben und das Fernsehen am frühen Abend. Auch Florian war traurig gewesen beim Abschied auf dem Bahnhof.

Michael duckte die Stirn gegen die Scheibe des Abteilfensters. Er fuhr aufs Land. Der Arzt hatte gemeint, er solle eine Weile draußen leben.

„Siehst du, wie hübsch die Bäume aussehen?", fragte Michaels Mutter, die ihm gegenübersaß. „Wie glühende Fackeln, gelb und rot."

Michael nickte. Es war Herbst. Die Wiesen schimmerten golden und das Obst wurde reif. Im Sommer waren sie jeden Tag ins Schwimmbad gegangen. Das war jetzt alles vorbei.

Der Bauer holte Michael am Bahnhof ab. Mit dem Pferdewagen fuhren sie zum Einödhof. Es gab dort keine Kinder, nur Maria. Aber die war ein Mädchen und außerdem war sie älter als Michael. Am nächsten Tag fuhr die Mutter zurück.

Michael streifte umher. Tuff, der Hofhund, begleitete ihn. Am Waldrand waren noch Brombeeren, schwarz und süß. Der Himmel sah klar und sehr kühl aus. Michael fröstelte.

Abends lernte er Snick, den Igel, kennen. Er kam immer um die gleiche Zeit und Michael brachte ihm seine Milch.

Ein paar Tage später half er dem Bauern, die Kühe von der Alm zu holen. Die Bäuerin und Maria hatten das Obst geerntet. In großen Körben trugen sie es nach Hause. Auf einmal sahen die Bäume ganz leer und müde aus. So müde waren sie, dass sie ihre Blätter nicht mehr tragen konnten. Es raschelte ein wenig, wenn die Blätter herunterfielen.

Michael stand am Fenster. Er sah den Vögeln nach. Sie hatten sich gesammelt und flogen nun fort. Bald wird es Winter sein.

„Es wird immer weniger", dachte Michael. Und er dachte auch, dass Florian nicht ein einziges Mal geschrieben hatte.

Eine Rose blühte noch im Garten, die Astern waren welk geworden und die Sonnenblumen hielten die braunen Köpfe gesenkt.

„Warum stirbt eigentlich alles?", fragte Michael.

Tuff antwortete nicht. Er schloss die Augen. Um die Zeit hatte er immer sein Rheuma.

Über Nacht kam der Frost. Da gaben auch die Dahlien auf. Ausgewischt waren die Farben des Gartens. Dann hob sich der Wind wie im Zorn und kämmte die Bäume kahl.

Plötzlich war Snick verschwunden. Michael fand ihn nicht mehr, so sehr er auch suchte. Er setzte sich auf den Leiterwagen, hauchte in seine klammen Hände und steckte sie tief in die Taschen.

„Hast du Heimweh?", fragte Maria. Nein, das war es nicht.

Die Bäuerin legte Tannengrün auf die Beete.

„Damit die Blumenzwiebeln es warm haben bis zum Frühjahr."

Im Frühjahr würden sie blühen, aber das konnte Michael sich nicht vorstellen. Er sah die nackten Äste der Bäume und dass die Zweige der Sträucher wie ein Gewirr von Strichen waren. Und auf den Wiesen hockten die Krähen und ließen alles noch leerer erscheinen. Es war sehr still.

„Die Erde geht zur Ruhe", sagte Maria.

Vor dem Einschlafen kam es Michael noch einmal in den Sinn: Die Erde geht zur Ruhe. War sie müde wie er, wenn der Abend kam? War der Sommer für die Erde ein langer Tag? Der Herbst, die Dämmerung und der Winter die Nacht?

Nach jeder Nacht kam ein Morgen, darauf konnte man sich verlassen. Michael wickelte sich fester in die Decken. Er schloss die Augen. Gedanken, Wünsche und Träume zogen sich in ihn zurück und er schlief ein.

Draußen jagte der Sturm übers Land. Aber die Erde hatte das Leben in sich geborgen. Sie hütete es, bis es Zeit sein würde.

Der Bauer hatte die Wiesen gedüngt. Nun fiel der Schnee. Wie ein riesiges Federbett deckte er alles zu. Tuff schlief den größten Teil des Tages unter dem Ofen, und die Kühe im Stall standen ruhig und zufrieden.

Beim Schlittenfahren musste Michael manchmal denken, dass er eigentlich über Gras fuhr. Aber war da wirklich noch Gras unter dem Schnee? Wer konnte schon wissen, was unter der Decke geschah, die die Erde verhüllte.

Die Zeit verstrich und mit einem Mal ging ein lauer Wind. Tuff streckte die Vorderbeine, die Hinterbeine und stand in der Tür.

Der Bauer schaute zum Himmel auf und nickte. Dann verschwand er im Schuppen und man hörte ihn klopfen und sägen. Jetzt summte die Bäuerin manchmal ein Lied. Und an einem Tag kam Maria und brachte Schneeglöckchen. Wie gescheckt lagen die Wiesen. Der Schnee schmolz und gab große Grasflecke frei.

„Wird es Frühling?", fragte Michael Tuff, der nicht aufhören konnte, die Erde zu beschnuppern.

Blumentupfen am Waldrand waren die Antwort. Millionen wilder Primeln blühten, gestern waren sie noch nicht da. Knospe um Knospe brach auf. Grün webten sich Schleier zarten Laubes zwischen die Äste der Bäume. Die Erde war erwacht.

Nichts war gestorben, nun hob sich ein jedes aus tiefem Schlaf. Bienen summten, Vögel sangen, Falter taumelten zwischen den Blumen und süß verströmten Blumen ihren Duft.

In jeder Minute schenkte die Erde Neues aus ihrer unendlichen Fülle.

„Snick ist wieder da", schrieb Michael an Florian. „An einem Abend saß er im Hof."

Dann lief er hinaus. Ein wenig atemlos war er und sehr glücklich.

Gina Ruck-Pauquèt

Tobi findet den Frühling

N ach dem langen Winter freuen sich alle Leute, wenn endlich Frühlingsanfang ist. An diesem Frühlingsanfang aber konnte sich niemand freuen: Draußen war es kalt und ein eisiger Wind trieb Schauer durch die Straßen. In Tobis Vogelhäuschen drängten sich die Spatzen um das ausgestreute Futter.

„Kommt der Frühling in diesem Jahr gar nicht?", fragte Tobi traurig. „Natürlich kommt er, wie jedes Jahr", sagte Mama, „er ist sicher schon ganz in der Nähe. Vielleicht wartet er im Wald, bis es nicht mehr so kalt ist bei uns. Weißt du was, wir gehen den Frühling eben suchen!"

Und nach dem Mittagessen, als der Wind nicht mehr so scheußlich schnaubte, lud Tobi seine Freundin Janina zum Frühlingssuchen ein und Tobis Mama fuhr mit den dreien aufs Land hinaus.

„Was ist das – Frühlingssuchen?", fragte Janina und zappelte während der Fahrt im Auto aufgeregt auf dem Rücksitz herum.

„Gleich werdet ihr es erleben", meinte Mama und bremste neben einer Wiese am Waldrand. „Die Frühlingssucher aussteigen, bitte sehr!"

Sie stiegen aus und schnupperten, ob die Luft vielleicht schon nach Frühling duftete – doch sie rochen nichts Besonderes. Sie horchten, ob irgendwo wohl ein Frühlingsläuten ertönte – doch sie hörten keine Klänge.

„Wir wandern jetzt über die Wiese und durch den Wald", erklärte Mama, „und wer zuerst eine frische grüne Blattspitze entdeckt oder eine helle Knospe oder gar eine Blume, der hat den Frühling gefunden."

Sie wanderten los und gaben gut Acht. Doch das Gras duckte sich noch schlapp und matschig in die Wiese; sie konnten genau erkennen, dass es nicht in diesem Jahr gewachsen war. Die Knospen an den Zweigen der Büsche und Bäume waren noch klein und dunkel und nicht eine einzige Blume kam aus dem Boden.

„He!", rief Tobi plötzlich. „Was ist denn das: Ich habe eine Kastanie mit einem Horn gefunden!"
Eine Kastanie mit einem Horn? Was hatte Tobi aus dem braunen Laub hervorgeholt? Mama betrachtete das Ding – tatsächlich, da spitzte ein hellgrünes Horn aus einer Kastanie.
„Tobi, lieber Tobi", sagte Mama fröhlich, „das ist kein Horn, das ist ein Keim, ein frischer Frühlingskeim! Und wenn wir die Kastanie in die Erde legen, wächst aus dem Keim ein Blatt. Daraus wird eine Pflanze und aus der Pflanze wird ein Baum. Weißt du was? Du hast den Frühling gefunden!"
„Hurra!", riefen Tobi und Janina. „Das erzählen wir den anderen!"

In diesem Augenblick strahlte die Sonne durch die dicken Wolken und Mama sang mit den Kindern „Winter ade...".

Katrin Arnold

Wie der Frühling kommt

Der Frühling kommt nicht mit Trara
in einem goldnen Wagen,
der voller bunter Gaben ist,
– wie manche Leute sagen.

Er stürzt sich auch nicht über Nacht
mit seinen Weggefährten
– mit Amsel, Drossel, Fink und Star –
in unsre stillen Gärten.

Er überschüttet nicht das Land
ganz plötzlich, eh' wir's denken,
mit Schmetterlingen, Blumenduft
und ähnlichen Geschenken.

Durch unsre Fenster blitzt er nicht,
prallt nicht an unsre Türen.
O nein, der Frühling kommt ins Land,
dass wir es kaum verspüren.

Er kommt, wie auch die Schnecke kommt
aus ihrem Muschelhaus:
Erst streckt er seine Fühler vor,
dann wagt er sich heraus.

Das geht nicht plötzlich mit Trara
und jubelndem Geschmetter.

Der Frühling kommt im Schneckengang!
Ganz sacht und mit dem Wetter.

Ist's auch noch kalt – es liegt im Wind
ein ganz gewisser Duft.
Der Frühling, so erkennt man ihn,
liegt einfach in der Luft!

Eva Rechlin

Es frühlingt

Hase
träumt von grünen Feldern
Zwerge
flüstern in den Wäldern

Igel
der so lange schlief
schickt
mir einen Liebesbrief

Winter
flüchtet um die Ecke
Frühling
hockt schon in der Hecke

Anne Steinwart

Die kleine Raupe

Es war einmal eine kleine, kleine Raupe. Weil sie so wenig beachtet wurde, begann sie eines Tages beim Umherkriechen im Gemüsegarten immerfort vor sich hinzusagen: „Was aus mir noch einmal wird!"

Sie kroch umher, fraß hier, fraß dort, sie drehte den Kopf nach rechts und sagte: „Was aus mir noch einmal wird!"

Da kam sie in die Nähe des großen Kohlkopfes. Rund und dick schaute er herab auf die Raupe und fragte: „Wer bist denn du?"

Aber die kleine Raupe kroch einfach weiter und sagte wieder: „Was aus mir noch einmal wird!"

Da kam sie in die Nähe vom Stachelbeerstrauch, der fragte spitz, wie es seine Art ist: „Wer bist denn du?"

Aber die kleine Raupe kroch einfach weiter und sagte nur: „Was aus mir noch einmal wird!"

Zuletzt kam sie zum Radieschen. Das fragte höflich, wie es seine Art ist: „Wer bist denn du?"

Aber auch hier kroch die Raupe einfach weiter und sagte: „Was aus mir noch einmal wird!"

Eines Tages, als die Sonne besonders warm schien, sahen alle in den Gemüsegarten, wie die kleine Raupe auf den Gartenzaun kroch. Oben blieb sie ganz still liegen. Nach einiger Zeit wickelte sie sich ganz ein, wie in ein kleines weißes Bett und bewegte sich überhaupt nicht mehr. Da sagte der große, dicke Kohlkopf: „Seht, nun ist es aus mit ihr!"

Und er sagte es so ganz von oben herab. Auch der Stachelbeerstrauch sagte das Gleiche, aber spitz, wie es seine Art ist: „Nun ist es aus mit ihr!"

Zuletzt sprach das Radieschen, höflich, wie es seine Art ist: „Nun ist es aus mit ihr!"

Aber nach etlichen Tagen geschah etwas: Aus dem weißen, runden Etwas kroch ein bunter, wunderschöner Schmetterling. Er flog über dem Gemüsegarten seine Kreise. Jetzt musste der große, runde Kohlkopf nach oben schauen. Er fragte: „Wer bist denn du?"

Der bunte Schmetterling aber flog immer um ihn herum. Da fragte der Stachelbeerstrauch spitz, wie es seine Art ist, den kleinen, bunten Schmetterling: „Wer bist denn du?"

Doch ohne zu antworten, flatterte der kleine Schmetterling glücklich weiter. Als er zum Radieschen kam, da fragte ihn das Radieschen höflich, wie es seine Art ist: „Wer bist denn du?"

Jetzt endlich anwortete der Schmetterling so, dass es alle hören konnten: „Kennt ihr mich nicht mehr, ich war früher die kleine Raupe!"

Da sprach der große, dicke Kohlkopf für alle anderen im Gemüsegarten: „Warum hast du uns das denn nicht vorher gesagt?"

Da antwortete der kleine, bunte Schmetterling: „Phhh! Da hätte ich ja kein Geheimnis gehabt!"

Russisches Märchen

Der Autobus Nummer 75

Eines Tages schlug der Autobus Nummer 75, der von Monteverde Vecchio zur Piazza Fiume fährt, anstatt nach Trastevere abzubiegen, die Richtung Gianicolo ein, wandte sich dann der Aurelia Antica zu und lief nach wenigen Minuten durch die Wiesen vor Rom wie ein Hase im Urlaub. Die Fahrgäste verbrachten wie gewöhnlich ihre Zeit damit, Zeitung zu lesen, auch diejenigen, die keine gekauft hatten. Sie blickten einfach über die Schulter des Nachbarn.

Da hob ein Herr, der gerade eine Seite umblätterte, einen Moment lang die Augen, sah nach draußen und fing dann zu schreien an: „Schaffner, was ist los? Betrug, Betrug!"

Auch die anderen Fahrgäste blickten nun auf und riefen empört: „Aber von hier aus kommt man doch nach Civitavecchia!"

„Was fällt dem Fahrer ein?"

„Er ist verrückt geworden, man sollte ihn einsperren!"

„Und das nennt sich Kundendienst!"

„Es ist zehn Minuten vor neun. Um neun muss ich im Gericht sein", rief ein Rechtsanwalt. „Wenn ich den Prozess verliere, mache ich dieses Unternehmen dafür haftbar."

Der Schaffner und der Fahrer versuchten sich zu verteidigen und erklärten, sie seien unschuldig. Der Autobus gehorche ihrem Kommando nicht mehr und mache, was er wolle. Und tatsächlich verließ der Bus in diesem Moment die Straße und hielt schließlich am Saum eines kühlen, duftenden Wäldchens an.

„Oh, die schönen Alpenveilchen", rief eine Dame fröhlich.

„Das ist genau der richtige Moment, um an Alpenveilchen zu denken", gab der Rechtsanwalt zurück.

„Egal", meinte die Dame. „Ich komme sowieso zu spät ins Büro. Das kann mir aber die Freude an diesen Alpenveilchen nicht nehmen. Es ist sicher schon zehn Jahre her, dass ich die letzten gepflückt habe."

Sie stieg aus und atmete in tiefen Zügen die Luft dieses seltsamen Morgens.

Da stieg ein Fahrgast nach dem anderen aus, um sich die Beine zu vertreten oder eine Zigarette zu rauchen, und plötzlich verzog sich ihre schlechte Laune wie Nebel vor der Sonne. Der eine pflückte eine Margerite und steckte sie sich ins Knopfloch, der andere entdeckte eine unreife Erdbeere und rief: „Die habe *ich* gefunden. Ich lege meine Karte daneben und hole sie, wenn sie reif ist. Wehe, wenn ich sie nicht mehr finde!"

Dann nahm er eine Visitenkarte aus seiner Brieftasche und steckte sie mit einem Zahnstocher neben die Erdbeere.

Zwei Angestellte vom Unterrichtsministerium knüllten ihre Zeitungen zusammen und begannen ein Fußballspiel. Jedes Mal, wenn sie ein Tor schossen, riefen sie: „Teufel noch eins!"

Kurz, es schienen nicht die gleichen Fahrgäste zu sein, die wenige Minuten zuvor noch den Schaffner und den Busfahrer beschimpft hatten. Diese beiden frühstückten inzwischen gemütlich auf dem Rasen.

Doch plötzlich rief der Rechtsanwalt: „Achtung!" Denn eben fing der Autobus von alleine an zu fahren. Es gelang noch allen, rechtzeitig einzusteigen, zuletzt die Dame mit den Alpenveilchen, die jammerte: „Aber, das hat sich ja kaum gelohnt. Ich habe gerade erst angefangen, mich zu erholen."

„Wie lange waren wir denn hier?", fragte jemand. Man schaute auf die Uhr.

Doch welche Überraschung: Alle Uhren zeigten zehn Minuten vor neun! Während der ganzen Zeit hatten sich die Uhrzeiger nicht weiter bewegt. Es war geschenkte Zeit gewesen, eine kleine Zugabe, als ob man ein Paket Seifenpulver kauft und darin ein winziges Spielzeug findet.

„Aber, das kann doch nicht wahr sein!", wunderte sich die Dame mit dem Alpenveilchen, während der Autobus seinen üblichen Weg nahm. Alle

wunderten sich. Und dabei hatten sie doch die Zeitung vor den Augen, und oben stand ganz deutlich das Datum: 21. März.
Am ersten Frühlingstag ist alles möglich.

Gianni Rodari

Simsalabim

Ich kann nicht zwitschern
nicht trillern
nicht singen
Und trotzdem – ein Ständchen
will ich dir bringen

Simsalabim
ich bin ein Birnbaum im Mai
und locke zwei – drei
ach was – tausend
tausend Vögel herbei

Sieh nur – sie kommen
sie hören auf mich
Pssst!
Sie bringen jetzt draußen
mein Ständchen
für dich!

Anne Steinwart

Gänseblümchen

ena wohnt in der Lerchenstraße. Sie wohnt in einem kleinen Haus mit Garten rundherum.

Hinten im Garten, da wo der Apfelbaum steht, sind Beete mit Gemüse, Salat und Erdbeeren. Vor dem Haus ist eine Wiese. Auf der Wiese stehen zwei Apfelbäume, ein Kirschbaum und ein Aprikosenbaum.

Und Gänseblümchen, viele, viele Gänseblümchen blühen auf der Wiese. Lena liebt die Gänseblümchen. Manchmal legt sie sich lang auf den Bauch und schaut sich die Gänseblümchen aus der Nähe an. Sie mag die kleinen weißen Blütenblätter. Das bisschen Rosa an den Spitzen. Und den kleinen gelben Klecks in der Mitte mag sie auch.

Am Morgen, wenn Lena zur Schule geht, grüßt sie die Gänseblümchen auf der Wiese. Und am Abend sagt sie ihnen gute Nacht.

Dann sitzen die Gänseblümchen wie kleine Kugeln auf den Stängeln. Denn wenn die Nacht kommt, schließt sich die Blüte.

Am Montagabend, als Lena vom Schwimmen kommt, ist der Vater im Garten beschäftigt. Er hat eine Sprühdose in der Hand.

Lena springt vom Rad.

„Vati, was machst du denn da?"

„Nichts Besonderes", sagt Vater und schüttelt die Dose. „Ich will nur mal schnell die Gänseblümchen einsprühen."

Einsprühen? Wieso denn das? Warum will er die Gänseblümchen einsprühen?

„Damit sie endlich verschwinden. Sind doch nichts als Unkraut." Das stört ihn schon lange, sagt Vater. Das Mittel hier in der Dose wirkt bestimmt.

Er kniet sich in die Wiese. Öffnet den Deckel der Dose.

Lena bleibt einen Augenblick stehen. Dann stürzt sie sich auf den Vater. „Das darfst du nicht tun!", schreit sie. „Das sind meine Gänseblümchen."
Sie hält Vaters Hand mit der Dose fest.

Er versucht, Lenas Hand abzuschütteln. Aber Lena hat Kraft, viel Kraft, wenn es um ihre Gänseblümchen geht.

Aber Vater hat noch mehr Kraft. Er springt auf und ist ärgerlich, sehr ärgerlich.

Was er mit den Gänseblümchen macht, ist doch wohl seine Sache. Da wird er doch wohl nicht seine Tochter fragen müssen.

„Doch", heult Lena. „Doch, du musst mich fragen. Weil das nämlich meine, meine allerliebsten Gänseblümchen sind."

Sie drückt die Knie in die Wiese und versucht, mit ihren Händen die Gänseblümchen zu schützen.

Vater steht neben ihr. „Mein Gott, Kind, ich wusste ja gar nicht, dass dir die Gänseblümchen so wichtig sind."

„Aber jetzt weißt du es!" Lena weint. „Du darfst sie nicht einfach kaputtmachen."

„Nein, das darf ich nicht!" Vater bückt sich. Und streichelt mit seinen Fingerspitzen die kleinen weißen Blütenblätter.

Ursula Fuchs

Gefunden

Ich ging im Walde
so für mich hin,
und nichts zu suchen,
das war mein Sinn.

Im Schatten sah ich
ein Blümchen stehn,
wie Sterne leuchtend,
wie Äuglein schön.

Ich wollt es brechen,
da sagt' es fein:
Soll ich zum Welken
gebrochen sein?

Ich grub's mit allen
den Würzlein aus,
zum Garten trug ich's
am hübschen Haus.

Und pflanzt es wieder
am stillen Ort;
nun zweigt es immer
und blüht so fort.

Johann Wolfgang von Goethe

Das Pusteblumen-Fest

An einem Morgen im März hob sich vor dem Hochhaus der Oberfelder Straße ein Stück vom Asphalt.

Ein winziger Hügel war das.

Herr Engelmann, der im Erdgeschoss wohnte, entdeckte diese Stelle, als er morgens das Fenster öffnete und nach dem Wetter schaute.

„Aha!", dachte er. „Hier wird bestimmt etwas wachsen. Ein Grasbüschel vielleicht? Oder ein Spitzwegerich? Oder gar ein Löwenzahn? Ich werde aufpassen, dass niemand darauf tritt."

Und nach dem Frühstück stellte sich Herr Engelmann neben den kleinen Hügel und bewachte ihn.

Leute, die vorübereilten, dachten: „Das ist wohl ein Bettler?" Und manche legten ihm ein Geldstück vor die Füße.

Am Abend taten Herrn Engelmann die Beine weh. Er zählte das Geld, das ihm die Leute geschenkt hatten, legte noch zehn Mark dazu und kaufte davon einen roten Gartenstuhl im Gartencenter. Hier gab es Blumen, jede Menge, aber Herr Engelmann war gespannt, was wohl aus dem kleinen Hügel hervorwachsen würde.

Er setzte sich in seinen roten Stuhl und passte auf. Jeden Tag wurde der Hügel höher, die Risse wurden breiter. Etwas Grünes wuchs hervor.

Morgens, wenn die Leute aus dem Hochhaus ins Büro fuhren oder in die Fabrik, wenn die Kinder zur Schule gingen oder die Mütter ihre Kinder in den Kindergarten brachten, fragten sie: „Na, Herr Engelmann? Wie geht's? Was macht ihr Grünzeug?"

Herr Engelmann lächelte. „Die Blätter sind gezackt. Es wird ein Löwenzahn werden."

Die Kinder freuten sich und die großen Leute sagten: „Der alte Engelmann spinnt ein bisschen."

Aber bald konnten alle es sehen: Zwischen den gezackten Blättern wuchs ein Stängel mit einer dicken Knospe.

Mitte April brach die Knospe auf zu einer goldgelben Blüte. Da freuten sich alle, dass die Pflanze nicht zertreten worden war.

Sogar die Zeitung berichtete darüber. Eine Schulklasse kam in die Oberfelder Straße gewandert und die Kinder mussten einen Aufsatz darüber schreiben.

Freddy Froh erfand den Löwenzahn-Song:

Kleine goldne Sonne – du leuchtest vor meinem Haus.

Und jeden Tag, auch bei schlechtem Wetter, bewachte Herr Engelmann die blühende Pflanze.

„Wer wird die Pusteblume ausblasen, wenn es soweit ist?", fragte Frau Zwillich aus dem 13. Stock.

Ausblasen? Daran hatte noch keiner gedacht.

„Wir werden es auslosen!", schlug jemand vor.

„Niemand kann so gut Pusteblumen ausblasen wie unsere Elke", sagte Frau Tischmann aus dem 5. Stock.

Aber erst im Mai verwandelte sich die Löwenzahnblüte in eine silberhelle Laterne.

Da beschlossen die Leute aus dem Hochhaus an der Oberfelder Straße ein Fest zu feiern: das Pusteblumen-Fest.

Herr Engelmann sollte das Laternchen ausblasen. Weil er den Löwenzahn so gut bewacht hatte.

Als die anderen Leute aus der Stadt von diesem Fest hörten, wollten sie auch mitfeiern.

Sie kamen gefahren und gelaufen.

„Was ist hier los?", fragten Autofahrer, die von auswärts kamen. „Kommt eine Sportskanone zurück? Oder wer sonst?"

„Bei uns wird heute eine Pusteblume ausgeblasen!", riefen die Kinder und wollten sich kugeln vor Lachen.

Manche Leute fuhren weiter, andere wollten auch zuschauen.

Freddy Froh schlug auf sein Schlagzeug: Bong!

Und nun konnte es jeder sehen: Herr Engelmann knickte vorsichtig den Stängel ab. Er hielt die Pusteblume hoch, er spitzte die Lippen.

„Von unten her blasen!", rief Elke Tischmann. „Damit die Schirme weit genug fliegen."

Als Herr Engelmann die Luft aus den Backen stieß, kam gerade um die Ecke ein Wind geweht, sanft und doch stark genug, um ihm beim Pusten zu helfen.

Silberhelle Schirme flogen auf, höher und höher, flogen weit über die Straße, weit in die Welt.

Die Leute freuten sich und klatschten.

Manche fotografierten.

Die Kinder tanzten Boogie-Woogie. Eine Menge Bratwürste und Fritten und Tüten voller Popcorn wurden aufgefuttert.

Es war ein schönes Fest.

An dieser Stelle wuchs im nächsten Jahr nichts Grünes wieder.

Die Wohnungsbaugesellschaft hatte das Loch reparieren lassen, es sollte niemand darüber stolpern.

Aber die Leute aus dem Hochhaus an der Oberfelder Straße feierten wieder ihr *Pusteblumen-Fest.*

Weil einmal eine Blume mitten in der Stadt den Asphalt aufgebrochen hatte.

Hanna Hanisch

Frühling

Die Amsel singt
und dein Gummiball springt.
Die Sonne flirrt
und dein Springseil schwirrt.
Der Apfelbaum blüht
und dein Rollschuh zieht
eine schnurgerade Bahn.
Und ein alter Mann
spazieren geht...
Und dein Kreisel dreht
sich rundherum.
Und du weißt nicht, warum
du so fröhlich bist?

Ilse Kleberger

Abschied nehmen fällt schwer

Geschichten vom Sterben

Gedanken zum Thema

Bis weit ins letzte Jahrhundert hinein war der Tod allgegenwärtige Realität und wurde schon von Kindern als unabänderlicher Bestandteil des Lebens erfahren. Kinder erlebten mit, wie ein Geschwisterchen, wie Vater oder Mutter starben. All das geschah mitten in der Familie – vor den Augen der Kinder. Darum waren sich früher alle Menschen, auch schon die Kinder, bewusst, dass der Tod untrennbar zum Leben gehört.

Heute sind wir nicht mehr in gleicher Weise auf den Tod gefasst. Wir haben ihn aus unserer unmittelbaren Umwelt verdrängt, in Krankenhäuser und Altersheime verbannt. Und obwohl wir es besser wissen, möchten wir uns gerne vormachen, nur sehr alte, sehr kranke Menschen würden sterben. Wir tun so, als wäre der Tod etwas, das irgendwo am Ende des Lebens angehängt wird und im Grunde mit dem übrigen, dem „wirklichen" Leben nichts zu tun hat. Der Tod ist eines der letzten großen Tabuthemen unserer Gesellschaft.

Da wir Erwachsenen uns selbst schwer tun, Tod und Sterben zu akzeptieren, haben wir natürlich erst recht Schwierigkeiten, mit unseren Kindern darüber zu reden. Aber wie sehr wir auch bestrebt sind, Kinder vor der Realität des Todes zu bewahren – irgendwann ist das Thema da.

Vielleicht gibt ein Spaziergang über den Friedhof Anlass zu Fragen. Gräber legen Zeugnis ab von Leid, Hoffnung und Vertrauen auf Gott. Das könnte die Gelegenheit sein, wo Eltern oder Kinder miteinander ins Gespräch kommen. Kinder erfahren, dass sie Teil einer Familien- und Teil der Menschheitsgeschichte sind. Es gab Menschen, die vor ihnen gelebt haben. Auch Eltern und Großeltern haben den Tod enger Angehöriger erlebt.

Oft machen Kinder durch Tiere die erste konkrete Erfahrung mit dem Tod. Vielleicht finden sie einen toten Vogel oder ein Haustier stirbt. Eltern können durch eine kleine Beerdigung des toten Tieres Kindern die Achtung vor den Lebewesen vermitteln.

Schlimm ist es, wenn das Kind unvorbereitet vom Tod eines geliebten Menschen getroffen wird.

Die Geschichten dieses Kapitels wollen dem Tabuthema Tod zur Sprache verhelfen. Sie bieten die Möglichkeit, mit Kindern über Tod und Sterben zu reden, bevor der Ernstfall eingetreten ist. In den Geschichten wird erzählt, wie Kinder den Tod erleben, mitten im Alltag, oft unvorbereitet, als etwas Unbekanntes, Bedrohliches. Sie schildern Reaktionen von Neugier, von Trauer und Angst, Weglaufen und Sich-zurückziehen und zeigen, wie durch Symbole der Trauer und Erinnerung der Schmerz gelindert wird und Trost geschieht.

Im Hören und Lesen solcher Geschichten erhalten Kinder Einblick in das Denken, Fühlen und Erleben der dargestellten Personen. Sie lernen verschiedene Verhaltensweisen kennen, haben die Möglichkeit, eigene Ängste und Erfahrungen damit zu vergleichen und sich innerlich auf eine Trennung vorzubereiten.

Ein Vorlesebuch zu Ostern kann nicht nur heitere Geschichten enthalten. Wir müssen uns bewusst machen, dass zu Ostern die Passion gehört, die Leidensgeschichte Jesu. Zum Leben gehört das Sterben. Auferstehen kann nur, was vorher tot war.

Die ausgewählten Texte möchten Eltern und Kindern Mut machen, den Tod wahrzunehmen und auszuhalten. Wenn Kinder an einer Beerdigung teilnehmen wollen, sollte man sie nicht abhalten. Es sind die Ängste der Erwachsenen, die Kinder fern halten, ihnen schmerzliche Erlebnisse ersparen wollen. Aber Kinder haben ein Recht darauf, auch von den schmerzlichen Seiten des Lebens zu erfahren. Wenn wir mit Kindern über den Tod reden, lehren wir sie auch, das Leben besser zu verstehen.

Erwachsene, die die Geschichten vorlesen, sollten sich besonders sensibel zeigen, ob Kinder offen und interessiert oder überfordert und abwehrend auf das Thema Tod reagieren. Es ist ratsam, die Texte zur Einschätzung zuerst einmal für sich allein zu lesen und danach zu entscheiden, ob sie sich für das betreffende Kind und die jeweilige Situation eignen.

Auch ein Leben

Hinter den Häusern, gleich oben am Wald, standen zwei alte, krumme Kiefern. Für die Kinder waren es die schönsten Kletterbäume. Der schmale Weg dort hinauf lief ein Stück weit an einer stark befahrenen Straße entlang. Auch heute gingen ihn die Kinder im Gänsemarsch, als plötzlich eins von ihnen stehen blieb. Es stieß etwas mit dem Fuß an und bückte sich. Die anderen drei kamen heran und sahen den Igel jetzt auch. Er schien nicht verletzt zu sein. Aber die Kinder wussten sofort, dass er tot war.

Der Größte wollte ihn mit einem Fußtritt in den Acker befördern, aber der Jüngste hielt sein Bein fest. Er beugte sich tief über das Tier und sah zum ersten Mal die feine weiche Nase. Die langen braungrauen Stacheln zitterten, als er sie vorsichtig berührte.

„Wir wollen ihn im Wald begraben", sagte er.

Eins von den Mädchen zog sich die Jacke aus und wickelte den Igel hinein. Sie trugen ihn bis zu dem lockeren Waldboden. Mit Stöcken und Händen gruben sie alle ein Loch. Es wurde viel zu groß. Gras wurde hineingeschichtet und lange, grüne Nadeln von den Kiefern. Rindenstücke ergaben einen Sarg und schließlich formten die Kinder einen Grabhügel. Am Waldrand fanden sie Margeriten und gelbe und blaue Blumen und steckten sie zu Sträußen zusammen.

Endlich war alles fertig und sie standen um das kleine Grab herum. Da sagte der Jüngste: „Es fehlt noch ein Kreuz."

Alle suchten. Es fanden sich zwei glatt geschälte helle Äste. Sie wurden mit langen Gräsern zusammengebunden. Ein Mädchen steckte das Kreuz auf das Grab. Mehr konnten sie für den kleinen Igel nicht mehr tun.

Gretel Fath

Sascha und Elisabeth

Sascha war der schlimmste Junge im Viertel. Er rief Schimpfwörter hinter den Leuten her und raufte mit allen Jungen, er schwänzte oft die Schule, riss Blumen aus den Vorgärten und klaute zuweilen eine Apfelsine aus Frau Beyers Obstladen. Fast immer lief ihm die Nase.

„Ein unausstehlicher Bursche", sagte Frau Beyer und das fanden alle. Das fanden sogar seine Eltern. Weil ihn niemand mochte, hatte er auch keine Freunde. Und weil er keine Freunde hatte und immer allein herumstrolchen musste, wurde er immer unausstehlicher.

„Er ist selber schuld daran, dass niemand mit ihm spielen will", sagten die Kinder im Viertel. „Warum ist er auch so böse!"

Die sind schuld daran, dass ich so bin, dachte Sascha. Niemand will was mit mir zu tun haben.

Im Viertel gab es noch jemanden, der allein war. Das war die alte Elisabeth in der Mauergasse. Sie konnte nicht mehr gehen, seit sie unter ein Auto geraten war. Das war schon viele Jahre her. Seitdem saß sie in einem Rollstuhl und hatte für ihre Verwandten und auch für fremde Leute gestrickt. Aber mit der Zeit waren ihre Augen immer schlechter geworden, bis sie gar nichts mehr sehen konnte. Jetzt war sie blind und konnte nicht mehr stricken.

Ihre Schwester oder ihr Schwager schoben sie im Rollstuhl jeden Morgen nach dem Frühstück, wenn es nicht regnete oder schneite, unter das Vordach hinter dem Haus und drückten ihr ein Tütchen Bonbons in die Hand. Erst zum Mittagessen holten sie sie wieder herein. Den Nachmittag verbrachte die alte Elisabeth auch wieder einsam hinter dem Haus in dem winzigen Gärtchen. Niemand unterhielt sich mit ihr. Wozu lebe ich noch?, dachte sie. Ich tauge zu nichts mehr. Ich wollte, ich wäre tot.

Da geschah es durch einen Zufall, dass Sascha und Elisabeth, die beiden Einsamen des Viertels, plötzlich zusammenfanden. Das kam so:

Sascha, ewig herumstreunend, kletterte an einem sonnigen Vormittag, als alle anderen Kinder in der Schule waren, aus purer Neugier über die Reste der alten Stadtmauer, gerade dort, wo Elisabeth verlassen im Gärtchen saß. Sie konnte zwar nichts sehen, aber um so besser hören. Sie hörte jemanden die Nase hochziehen.

„Ist da wer?", fragte sie.

„Niemand, du blöde Eule", anwortete er.

Elisabeth war so überrascht und froh, dass sie Saschas freche Antwort überhörte. Eine Kinderstimme hatte ihr geantwortet, ein Kind war zu ihr gekommen – wo sie doch Kinder so gern hatte!

„Wie schön, dass du mich besuchst", sagte sie.

Sascha war sprachlos: Er hatte sie blöde Eule genannt und sie freute sich trotzdem? Noch nie hatte er erlebt, dass sich jemand freute, wenn er auftauchte.

Er wich an die Mauer zurück, hinter der er den Kirchplatz wusste. Die Zwille, die er schon aus der Hosentasche gezogen hatte, um die alte Frau mit Steinchen zu beschießen, ließ er wieder verschwinden. Schließlich konnte er nicht auf sie schießen, wenn sie sich freute, ihn zu sehen.

„Ich heiße Elisabeth", sagte die Frau im Rollstuhl. „Und du?"

Sascha nannte verlegen seinen Namen.

„Ach, Sascha", sagte Elisabeth, „du glaubst gar nicht, wie froh ich bin, dass du mir ein bisschen Gesellschaft leistest. Magst du ein Bonbon?"

Das mochte er und schon war er neben dem Rollstuhl.

„Du musst entschuldigen, wenn ich vielleicht manchmal an dir vorbeischaue", sagte Elisabeth. „Ich sehe nämlich nichts."

Das ist ein Trick, dachte Sascha misstrauisch und streckte ihr die Zunge heraus. Aber sie zeigte sich weder verschreckt noch entrüstet. Das verwirrte ihn.

„Gar nichts?", fragte er bestürzt.

„Nichts", antwortete sie. „Dafür höre und fühle und rieche ich besser als andere Leute. Reich mir mal deine Hand. An deiner Hand kann ich fühlen, wie alt du ungefähr bist."

Sascha gab ihr seine schmutzige Hand. Sie nahm sie zwischen ihre runzeligen Hände und dachte einen Augenblick nach.

„Acht", sagte sie.

„Stimmt", antwortete er erstaunt. „Das könnte ich nicht."

„Du hast ja auch keine Übung im Blindsein", sagte sie. „Und du hast noch nicht so viele Kinderhände in deiner Hand gehabt wie ich. Ich habe sechs Jahre in einem Kinderkrankenhaus gearbeitet und außerdem hatte ich ja auch vier eigene Kinder."

„Wohnen die da drin?", fragte Sascha und zeigte mit dem Kinn zum Haus hinüber.

„O nein", antwortete Elisabeth und seufzte. „Gerda ist mit neun Jahren an Scharlach gestorben und die Jungen sind im Krieg gefallen."

Sascha betrachtete sie eine Weile nachdenklich, dann fragte er: „Und warum sitzt du in so einem Wagen?"

„Mein Rücken ist kaputt, meine Wirbelsäule."

„Ist eine Bremse dran?", fragte er interessiert.

„Ja", sagte sie und tastete nach der Bremse. „Aber ich stehe ja nur immer hier im Gärtchen."

„Wenn du willst", sagte Sascha zögernd, „fahre ich dich mal im Garten rum."

„Das wäre herrlich", seufzte Elisabeth, „wenn ich ein bisschen näher an die Rosen herankäme. Sie duften so."

Sascha löste die Bremse und schob Elisabeth durch das Gärtchen. Dabei ahmte er die Geräusche eines Autos nach. Das konnte er großartig. Man hörte richtig den Motor aufheulen. Aber sie waren noch nicht bei den Rosen angekommen, als ein Fenster aufging und eine zornige Stimme rief:

„Was soll denn das? Hast du den Bengel in den Garten gelassen, Lisbeth?"
„Er tut nichts Böses", antwortete Elisabeth. „Er schiebt mich auf meinen eigenen Wunsch zu den Rosen hinüber."
„Musst du unbedingt den ungezogensten Bengel unseres Viertels in unseren Garten locken?", rief die Stimme.
„Du irrst dich", sagte Elisabeth ruhig. „Dieser hier ist kein Bengel und auch nicht ungezogen."
„Was weißt denn *du*!", tönte die Stimme heiser.
Aber dabei blieb's. Das Fenster schloss sich und Sascha schob den Rollstuhl zu den Rosen.
„Wunderbar", rief Elisabeth. „Was für ein Duft! Riech doch mal –"
Sascha schnupperte. Wirklich, er konnte die Rosen auch riechen. Sie rochen so sanft.
„Ich habe mir schon so lange gewünscht, zu den Rosen zu kommen", sagte Elisabeth glücklich, „aber niemand hat Zeit für mich gehabt. Kennst du die Geschichte von der Nachtigall und der Rose?"
Sascha kannte sie nicht und Elisabeth erzählte sie ihm. Die war so ganz anders als das, was er bisher gehört hatte, dass er mit offenem Mund lauschte.
Da schlug die Kirchenuhr zwölf. Sascha hörte den Lärm der Kinder, die aus der Schule stürmten. „Jetzt muss ich gehen", sagte er hastig. „Aber am Nachmittag komm ich wieder."
„Schieb mich bitte erst unter das Dach zurück", sagte Elisabeth. „Und vergiss nicht zu kommen. Ich warte auf dich."
Er kam. Er brachte ihr eine Apfelsine mit, die er bei Frau Beyer geklaut hatte.
„Die riecht auch", sagte er und hielt sie ihr vors Gesicht.
Am nächsten Tag war er wieder da, mit einer verstaubten Löwenzahnblüte. Am dritten Tag schob er Elisabeth durch das ganze Viertel und erzählte ihr, was er sah.

Die Leute staunten. „Ist das wirklich Sascha?", fragten sie einander. „Man kann doch die alte blinde Frau nicht so einem Burschen wie Sascha anvertrauen. Der ist im Stande, sie irgendwo stehen zu lassen!"
Aber da kannten sie Sascha schlecht. Er war zuverlässig. Er ließ Elisabeth nirgends stehen. Er kam jeden Nachmittag zu ihr und fast immer brachte er ihr etwas mit: Mal eine Raupe, die er über ihre Hand kriechen ließ, mal ein Tütchen Brausepulver, das nicht einmal gestohlen war, oder einen Stängel Kamille, den er vor ihrer Nase zerrieb.
Wenn das Wetter schön war, fuhr er sie durch das Viertel. Danach machten sie zusammen Hausaufgaben – denn Elisabeth hatte erreicht, dass er nicht mehr schwänzte.
Waren die Hausaufgaben fertig, erzählte Elisabeth eine Geschichte. Geschichten mochte Sascha besonders gern. Manchmal sangen sie auch zusammen. Sascha hatte eine schöne Stimme. Das hatte er bisher nicht gewusst. Elisabeth brachte ihm viele Lieder bei. Am liebsten sang er *Sah ein Knab' ein Röslein stehn*. Bald konnten sie zweistimmig singen. Das klang wirklich gut.
Wenn es zu dämmern begann, kam Elisabeths Schwester heraus und schob Elisabeth ins Haus.
„Bis morgen!", rief Sascha ihr nach.
„Bis morgen, Sascha – und gib gut Acht bei dem Diktat!", rief Elisabeth zurück und winkte.

Zwei Jahre lang waren sie unzertrennlich. Elisabeth langweilte sich nicht mehr im Gärtchen und Sascha zog nicht mehr die Nase hoch und war nicht mehr der Schrecken des Viertels.
„Ist es nicht rührend, wie er sich um die alte Frau kümmert?", sagten jetzt die Leute zueinander. „Wer hätte ihm das zugetraut?"
Sein Zeugnis besserte sich. Er hatte keine Angst mehr vor der Schule. Es kam sogar so weit, dass ihn die Lehrerin lobte.

„Das ist ein sehr schöner Aufsatz", sagte sie. „Woher hast du denn diese Geschichte?"

„Von der Elisabeth", antwortete er.

„Wer ist Elisabeth?", fragte die Lehrerin erstaunt.

„Meine Freundin", sagte Sascha.

Im Winter wurde es schwierig. Es war Elisabeth zu kalt im Garten. Aber sie setzte schließlich durch, dass Sascha in ihr Zimmer kommen durfte. Saschas Eltern kümmerten sich nicht um seine Freundschaft. Ihnen war es nur recht, wenn er sich bei Elisabeth aufhielt. Sie hatten keine Zeit für ihn.

Elisabeth war immer für ihn da. Sie freute sich jeden Tag auf Sascha. Sie wurde richtig munter und bekam rosige Bäckchen und sie sang nicht nur, wenn Sascha bei ihr war. Ja, sie erreichte, dass ihre Schwester ihr ein kleines Radio kaufte, und da hörten sie zusammen Musik. Und Sascha erzählte ihr das Neueste aus dem Viertel und brachte ihr die Fußballregeln bei.

Aber plötzlich starb Elisabeth.

Es war nur ein ganz kleines Begräbnis: Hinter dem Sarg gingen ihre Schwester und ihr Schwager und danach kamen noch ein paar Leute aus der Nachbarschaft und eine Schulfreundin. Das war alles. Aber ein Stück vom Grab entfernt, hinter einem großen Fliederbusch verborgen, stand Sascha und weinte. Er zog die Nase so laut hoch, dass sich Elisabeths Schulfreundin erstaunt umschaute.

Ein paar Tage später rief Elisabeths Schwester Sascha zu sich, als er auf der Mauer kauerte und in das leere Gärtchen starrte. „Komm auf einen Sprung herein", sagte sie. „Du kannst dir das kleine Radio abholen. Meine Schwester hat bestimmt, dass du es haben sollst."

Er sprang von der Mauer herab und durchquerte das Gärtchen. Die Rosen dufteten. Der ganze Garten duftete nach Elisabeth. Unter dem Vordach stand noch der Rollstuhl.

Elisabeths Schwester reichte ihm das Radio aus dem Fenster.
An der Antenne hing ein Zettel, darauf stand in Elisabeths krakeliger
Schrift:
FÜR MEINEN LIEBEN FREUND SASCHA
VON SEINER ELISABETH
Da musste Sascha wieder die Nase hochziehen.

Gudrun Pausewang

Etwas Unwiderrufliches

An einem Wintertag, wie man ihn sich schöner und strahlender nicht denken kann, flog Nicky Thürauf beim Schlittenfahren aus der Kurve, stürzte und schlug mit dem Hinterkopf hart auf einen Stein. Es war der einzige Stein weit und breit, ein vergessener alter Grenzstein, der ohne Sinn und Nutzen in der Wiese stand.

Jan und Mareike, die zusammen die Schlittenbahn hochkamen, sahen Nicky im Schnee liegen. Ein wenig sonderbar lag er da neben seinem umgekippten Schlitten und rührte sich nicht.

„He, Nicky!", riefen sie ihm zu. „Steh doch auf!"

Als Nicky keine Antwort gab, stellten sie ihre Schlitten an den Rand und stapften zu ihm hin, um ihm wieder auf die Beine zu helfen.

Nicky hatte die Augen weit aufgerissen und sah ganz erstaunt aus. Neben ihm im Schnee lag ein roter Anstecker mit der Aufschrift STOP. Den hatte er beim Sturz verloren. Mareike bückte sich und hob ihn auf.

Jan berührte Nickys Schulter und sagte ängstlich: „Du, was ist denn? Sag doch was!"

Er rüttelte ihn ein bisschen, aber plötzlich fuhr er hoch und rief mit einer Stimme, die sich vor Schreck überschlug: „Er blutet ja! Schau doch! Er blutet!" Unter Nickys Kopf sickerte Blut hervor und färbte den Schnee rot. Entsetzt starrten die Kinder auf den roten Fleck, der sich unaufhaltsam ausbreitete. Und sie erschraken bis in die Tiefe ihrer Herzen.

Alles, was danach kam, das Laufen und Schreien, der Krankenwagen, der mit Blaulicht angerast kam, die aufgeregten Stimmen: Wer? Wer ist es? Wer hat es gesehen? Wer sagt es den Eltern? Wer? Wer? – all das erlebten sie wie hinter einem Nebel. Aber niemals vergaßen sie dieses tödliche Erschrecken und den furchtbar klaren Augenblick, in dem sie begriffen, dass etwas Unwiderrufliches geschehen war.

Viele Wochen später, als der Schnee geschmolzen war und die Menschen sich längst mit anderen Aufregungen beschäftigten, wanderte an einem Sonntagnachmittag eine Familie vom Wald herab dem Dorf zu. Da kamen sie an einem Kreuz vorbei, das ein wenig abseits vom Weg in der Wiese stand.

„Was ist das?", fragte das Mädchen. „Das war doch sonst nicht hier."

Sie blieben stehen. Das Kreuz war klein, kaum höher als das Sommergras, schmucklos aus zwei Holzlatten zusammengenagelt. Wo die beiden Latten sich kreuzten, waren unbeholfen ein Name und ein paar Zahlen ins Holz geritzt; darunter – mitten durchs große O genagelt – ein roter Anstecker mit der Aufschrift STOP. Eine Kette aus frischen Margeriten und Butterblumen wand sich um die Mitte des Kreuzes und rahmte die Schrift ein.

„Was bedeutet das?", fragten die Kinder und betrachteten das Kreuz neugierig.

„Es bedeutet, dass hier jemand gestorben ist", erwiderte die Mutter.

„Hier?" Die Kinder schauten ungläubig über das Gras und die Blumen hin, die sich sanft im Sommerwind bewegten.

„Sterben kann man überall", sagte der Vater.

Die Kinder gingen ganz nah an das Kreuz heran und der Junge buchstabierte: N-i-ck-y Thü-rau-f."

„Sch!", machte das Mädchen. Sie entzifferte die Zahlen und rechnete angestrengt vor sich hin.

„Nächste Woche hätte er Geburtstag", erklärte sie. „Am Donnerstag." Und nach einer Pause: „Dann wäre er acht."

„Acht?", rief der Junge betroffen. Genauso alt war er selber gerade geworden.

Eine Weile standen sie alle zusammen schweigend vor dem Kreuz und jeder hing seinen Gedanken nach.

„Kommt", sagte die Mutter endlich. „Lasst uns weitergehen!"

Der Junge nickte und konnte sich doch nicht losreißen.

„Und der Anstecker?", fragte er. „Warum ist der Anstecker da?"

Aber die anderen waren schon weitergegangen.

Der Junge wandte sich um und stolperte über den Stein. Fast wäre er gefallen. Er konnte sich gerade noch abfangen.

„Hoppla", sagte er. Er schaute den Stein an und runzelte verwundert die Stirn. Dann rannte er mit großen Sprüngen hinter den anderen her.

Renate Schupp

Nichts für Kinder

Kinder können da nicht mit", sagte die Mutter.
„Ich möchte mal wissen, wie das gemacht wird", sagte Krischi.
„Es ist zu traurig für dich", sagte die Mutter.
„Ich heule bestimmt nicht", sagte Krischi.
Die Mutter sagte noch eine Menge. Dass es eine ernste Feier sei, bei der die Leute schwarze Kleider anhaben, dass Kinder dort stören, und dass es gar keinen Grund gäbe, Krischi mitzunehmen, weil sie mit dem alten Buschke von nebenan nicht einmal verwandt gewesen seien.
„Aber er war mein Freund", sagte Krischi, „und er hat mir immer Briefmarken geschenkt!"
Dann drehte er sich um. Es hatte keinen Zweck, sie verstanden einen nie. Mit dem alten Opa Buschke hätte er darüber reden können. Von Mann zu Mann sozusagen. Aber der war ja nun tot.
Dann saß er ganz hinten. Er war mit dem Roller gekommen, niemand beachtete ihn. Die Kapuze vom Anorak zog er über den Kopf. Ob er so schwarz genug angezogen war?
Die Halle mit den bunten Fenstern gefiel ihm. Auch die Blumen und überhaupt alles. Er entdeckte einige Leute aus der Straße. Sie standen auf, als vier Männer einen großen Kasten hereintrugen.
Der Pfarrer erzählte eine Menge von Opa Buschke. Manches davon hatte Krischi gar nicht gewusst. Dass Opa Buschke einmal jung gewesen und in den Krieg gezogen war, wofür er ein Abzeichen oder so etwas Ähnliches bekommen hatte. Darum also hatte Opa Buschke das kranke Bein gehabt? Manches wiederum wusste Krischi viel besser. Die Sache mit den Kohlen zum Beispiel, wo Opa Buschke sich einfach vom Bahndamm hatte rollen lassen, immer mit dem Sack auf dem Rücken, und sie hatten ihn nicht erwischt.

Als die Leute nach draußen gingen, schloss er sich an. Die Männer ließen den Kasten an Stricken in ein großes Loch. Er faltete die Hände, wie die anderen Leute das auch machten. Wie tief mochte das Loch wohl sein? Da hatten sie aber eine Menge zu graben gehabt! Er hätte es sich gerne genau angesehen. Aber die Leute standen so dicht vor ihm.

Der Pfarrer betete und sagte, dass alles wieder zu Erde wird. Die Leute warfen Blumen und Erde in das Loch. Nachher würden die vier Männer wohl alles wieder zuschippen. Dann war es ein Grab. Opa Buschkes Grab.

So war das also! Jetzt wusste er es. Leise schlich er zur Seite. Wie lang war der Weg zurück zur Halle! Er löste das Steckschloss vom Roller und fuhr nach Hause. Nicht besonders schnell, er musste nachdenken.

Nein, er heulte nicht. Aber er hätte sich gern mit jemand über das alles unterhalten. Von Mann zu Mann. Zum Beispiel mit Opa Buschke.

Hanna Hanisch

Eine Primel, ein Turnbeutel, eine weiße Papierblume

ie Puppenecke im Gruppenraum ist ziemlich klein. Aber manchmal, wenn die Kinder etwas Wichtiges miteinander besprechen wollen, schieben sie das Puzzleregal zur Seite. Dann haben alle auf dem Boden Platz.

Heute, als die Kinder vom Spielplatz in den Gruppenraum zurückkommen, sitzt Frau Wiese dort in der Puppenecke. Einige Kinder merken sofort, dass etwas anders ist als sonst.

„Dürfen wir neben dir sitzen?", fragen Katrin und Verena.

Frau Wiese nickt und da kuscheln sich die beiden dicht an sie heran.

Die Kinder sind sehr still, alle warten.

„Was ist los?", fragt Alexander.

„Ich muss euch etwas sehr Trauriges erzählen", beginnt Frau Wiese. „Michels Mutter hat mich heute Morgen angerufen. Sie hat mir gesagt, dass Michel in die Kinderklinik musste, weil er sehr, sehr krank war."

Frau Wiese machte eine kleine Pause und dann sagte sie: „Heute Nacht ist Michel gestorben."

In den stillen Gruppenraum hinein sagt Katrin: „Das glaube ich nicht."

„Ich auch nicht", sagt Verena.

„Der Michel war doch vorgestern noch im Kindergarten."

„Vorgestern fühlte sich Michel schon nicht wohl. Er kam mit seiner Mutter nur deshalb in den Kindergarten, weil der Fotograf hier war. Michel wollte unbedingt ein schönes Foto von sich haben", sagt Frau Wiese.

„Deshalb hat er sich die große, weiße Papierblume an den Pulli gesteckt", erzählt Florian.

„Was ist denn mit ihm passiert?", fragt Katrin leise.

„Michel hat eine schlimme Krankheit bekommen. Hirnhautentzündung.

Er wurde sehr krank. Heute Nacht ist er gestorben", sagt Frau Wiese. Sie putzt sich die Nase, weil sie weinen muss.

„Ist er wirklich tot?", fragt Florian.

„Ja", antwortet Frau Wiese.

Die Kinder sitzen da, keines bewegt sich, keines sagt etwas. Aber plötzlich fassen sie sich an den Händen, wie beim Schlusskreis.

Nach einer Weile steht Alexander auf und geht zur Fensterbank. Zwischen all den Blumentöpfen nimmt er ein kleines Töpfchen heraus, mit einer blauen Primel.

Alexander stellt es in die Mitte.

„Es ist Michels", sagt er.

„Kann ich auch so eine Krankheit bekommen?", will Katrin wissen.

„Diese Krankheit kann jeder bekommen. Aber die meisten Menschen werden wieder gesund", sagt Frau Wiese und nimmt Katrin fest in den Arm.

„Aber der Michel wurde so krank, dass er schon nicht mehr stehen konnte, als er in der Klinik ankam. Er hätte auch nie mehr laufen können, haben die Ärzte gesagt."

„Das wäre sehr schlimm für ihn gewesen. Er ist doch immer auf den großen Baum geklettert", sagt Alexander.

„Wo ist der Michel jetzt?", fragt Christof.

„Ich denke, dass er noch in der Klinik ist", sagt Frau Wiese.

„Mir ist kalt", sagt Katrin.

„Nimm doch das Tuch." Verena zieht das große Tuch aus der Verkleidungskiste. Katrin wickelt sich darin ein.

„Kommt der Michel nie wieder?", fragt Florian.

„Er kommt nie wieder", sagt Frau Wiese. „Aber wir werden oft an ihn denken. Wir werden uns an vieles erinnern, was wir zusammen gemacht haben. Wir werden daran denken, wie lustig Michel war, und dass er uns oft zum Lachen gebracht hat. So wird der Michel immer ein bisschen bei uns sein."

„Tut ihm jetzt noch etwas weh?", fragt Katrin.

„Nein. Ich glaube, dass er nie mehr Schmerzen haben wird, und dass er warm und geborgen in Gottes Armen liegt und sich vor nichts mehr fürchtet."

„Das ist gut", sagt Verena.

„Am Freitag ist Michels Beerdigung", sagt Frau Wiese.

„Dürfen wir zur Beerdigung mitgehen?", fragt Christof.

„Ich will nicht", sagt Katrin.

„Vielleicht könnt ihr mit euren Eltern hingehen. Du musst nicht, Katrin, wenn du nicht willst."

„Sollen wir später mal alle zusammen zum Friedhof gehen und Michels Grab schmücken?", fragt Alexander. „Ich mache das immer mit meiner Mama, bei dem Grab von meinem Opa."

„Das machen wir", sagt Frau Wiese.

„Dann können wir doch Michels blaue Primel auf sein Grab pflanzen", schlägt Verena vor.

Später setzt sich Florian im Flur unter Michels Garderobenhaken. Da hängt sein Turnbeutel, neben der Windmühle, denkt Florian und dann weint er sehr.

Alexander kommt zu ihm.

„Ich bin auch so traurig", sagt er.

„Ob der Michel jetzt im Himmel ist?", fragt Alexander.

Florian zuckt mit den Achseln und weint immer weiter.

Schließlich sagt er: „Wir haben uns so gestritten, als der Fotograf hier war."

„Solltest du wieder seine Katze sein?", fragt Alexander.

„Ja", sagt Florian. „Flori, willst du meine Katze sein?, hat er immerzu gefragt. Manchmal habe ich ja mitgespielt. Aber vorgestern hatte ich keine Lust. Da habe ich gesagt: Hau ab! Ich bin keine Katze."

„Der Michel wollte immer so gerne eine Katze haben", sagt Alexander.
Florian nickt.
„Du, Florian, mal doch ein Bild für ihn", sagt Alexander.
„Das habe ich mir auch gedacht", antwortet Florian.
Einige Tage später bringt Michels Mutter einen Kuchen in den Kindergarten und für jedes Kind in der Gruppe ein kleines Foto.

Hannelore Dierks

Der Gartenstuhl

„Ich haue ab, bevor das Auto kommt!", denkt Sibylle. „Zu meiner Freundin. Und dort bleibe ich, bis es dunkel wird. Ich will nicht sehen, wie Großvater weggetragen wird."

Wenn das Sargauto mit offenen Türen vor einem fremden Haus stand, sah Sibylle manchmal zu, wie die schwarz gekleideten Männer mit dem Sarg kamen, ihn ins Auto schoben und davonfuhren. Bei Großvater will sie nicht zuschauen. Auch nicht mit zur Beerdigung gehen. Das Wort ist so endgültig. Dann liegt er für immer in der Erde, unter einer Wiese, unter einem Beet mit Grabstein.

Grabsteine gefallen ihr nicht; sie weiß auch nicht genau warum. Sie sieht sich vor so einem grauen Stein stehen, auf dem der Name des Großvaters in goldenen Buchstaben steht.

Sie kann sich den Großvater nicht im Sarg, in der Erde vorstellen. Überhaupt nicht kann sie ihn sich tot denken. Die Mutter sagt, er wäre jetzt bei Gott, aber sie weiß nicht, wo das ist. Und der Vater meint: „Großvater ist in dir. Wenn du an ihn denkst, ist er da."

Geht Sibylle jetzt über den Flur, ist ihr, als höre sie an der Tür zum Garten den Großvater sprechen, hört ihn gehen, wie er die Stöcke aufsetzt und den einen Fuß nachzieht, ein leises schleifendes Geräusch. Vielleicht meint der Vater auch diese merkwürdige Empfindung, wenn Sibylle denkt: „Der Großvater blickt aus mir heraus oder ich aus ihm... Wie er drehe ich den Kopf, hebe den Arm zum Türrahmen..." Es ist ganz merkwürdig. Schwer zu beschreiben.

Auf dem Fenstersims über dem Heizkörper liegt Großvaters Brille. Sie steckt in einer Papphülse. Darauf steht der Name des Optikers, seine Adresse und Telefonnummer, Tel. abgekürzt, und die Ziffern. Sibylle liest es mehrmals, als ob sie es sich einprägen müsse.

Schönes Wetter ist; ein Tag, an dem sie Mutter sonst immer rief: „Sibylle, trage dem Großvater seinen Stuhl ins Eck!" Das Eck war sein Lieblingsplatz hinten am Zaun.

Die Mutter achtete darauf, dass der Großvater so oft wie möglich an die frische Luft kam, Bewegung hatte, wenigstens von seinem Zimmer durch den Garten bis ins Eck ging.

Sibylle musste aus der Garage den Stuhl holen, der so unhandlich ist mit schlecht beweglichen, ächzenden Scharnieren.

Wenn dann aber der Stuhl im Gras stand, wurde es gemütlich. Sibylle saß neben Großvater am Tisch und machte Hausaufgaben. Der Großvater half ihr. Er konnte unglaublich gut addieren, weil er früher ein Lebensmittelgeschäft führte und immer die Preise zusammenrechnete; über vierzig Jahre tat er das. Viele Preise wusste er noch. Manche hatten sich inzwischen geändert, manche Waren gab es nicht mehr – Stundenlutscher zum Beispiel, andere gab es zu seiner Zeit noch nicht – Weichspüler zum Beispiel.

Nach den Hausaufgaben bastelte Sibylle oder malte. Der Großvater rauchte die nächste Zigarre und erzählte von früher. Meistens kannte Sibylle die Geschichten schon, das machte aber nichts. Sie kannte auch die beiden Fotoalben, die der Großvater gerettet hatte beim Bombenangriff auf seine Stadt. Mit den Fotoalben und einer Kuckucksuhr war er aus dem Fenster des brennenden Hauses gesprungen. Dabei hatte er sich das Fußgelenk gebrochen. Sonst war ihm nichts passiert, weil er sportlich war. Er ritt und beherrschte von allen im Sportverein am besten die Riesenwelle, konnte einarmigen Handstand. Sibylles Vater brachte ihn nicht mal auf beiden Händen zustande.

„Ich könnte es heut' noch", sagte der Großvater oft, „aber nicht mehr mit diesen Knochen." Er lachte, stöhnte aber gleich beim Aufstehen. Die Mutter und Sibylle mussten ihn hochziehen, als er wieder ins Haus zurückgehen wollte.

Manchmal wurde es Sibylle fast zu viel, die Schlepperei mit dem Stuhl. Es gab Tage, an denen es zwischendurch regnete, da musste sie den Stuhl zweimal hinausschaffen und aufstellen. Jetzt würde sie, wenn sie dadurch den Großvater zurückbekommen könnte, den Stuhl hundertmal und noch öfter hinaus- und wieder hineintragen.

Sie wundert sich, dass der Garten so aussieht wie immer, als sei nichts geschehen. Ob die Bäume wissen, dass der Großvater gestorben ist? Er hatte sie alle gepflanzt und pflegte sie, so gut er es noch konnte. Die Erde um ihre Stämme herum lockerte er auf. Manche Bäume stehen in Gruben. Aus denen las er die Steine, damit die Wurzeln nicht beschädigt wurden.

Die Bäume recken ihre Äste mit frischen grünen Blättern in den blauen Himmel. Die rosafarbenen und weißen Blütenblätter sind fast alle abgefallen und liegen zwischen den Gräsern. Die Sonne brennt schon richtig. Sibylle könnte barfuß durch die Wiese gehen, hat aber keine Lust, den Garten zu betreten. Sie rennt zurück durch den Flur, tritt aus dem Haus und läuft die Straße entlang zum Haus ihrer Freundin.

Christoph Kuhn

Sie ist doch meine Freundin

Als Susanne an diesem Tag zur Schule ging, entdeckte sie auf der anderen Straßenseite Ruth, ihre beste Freundin.

„Hallo, Ruth!", rief Susanne hinüber und winkte.

Ruth schaute herüber und winkte auch. Dann rannte sie auf Susanne zu, quer über die Fahrbahn. Den großen Lastwagen, der von links kam, sah sie nicht. Ihr blieb nicht einmal mehr Zeit zu schreien.

Susanne hörte die Reifen quietschen, sah den Laster halten, sah die Passanten zusammenlaufen. Sie stand wie erstarrt. Wo war Ruth? Als sie sich endlich wieder bewegen konnte und um den Lastwagen herumtaumelte, sah sie Ruth mit ausgebreiteten Armen auf dem Bürgersteig liegen, eine zusammengerollte Männerjacke unter dem Kopf. Sie hatte die Augen geschlossen. Ihr Gesicht war sehr bleich. Sie bewegte sich nicht. Ihr rechtes Bein lag merkwürdig verrenkt da, als gehöre es gar nicht zu ihr. Unter dem Laster schimmerte eine große Blutlache und Blutspuren führten von dort bis dahin, wo sie jetzt lag, hingebettet von einem Passanten. Eine Frau schrie nach einem Notarzt.

Susanne kauerte sich neben Ruth nieder und ergriff ihre Hand. Sie war warm. Susanne hielt Ruths Hand so, wie man eine Hand hält, wenn man sich begrüßt oder verabschiedet.

„Geh fort, Kleine, das ist kein Anblick für Kinder", sagte ein Mann zu ihr. Und eine Frau wollte sie hochzerren und wegführen. Aber Susanne ließ Ruths Hand nicht los.

„Sie ist doch meine Freundin", sagte sie leise.

„Lasst sie", schluchzte eine junge Frau. „Es ist doch ihre Freundin."

So blieb Susanne neben Ruth und hielt ihre Hand, bis sie langsam abkühlte. Als der Notarzt kam, machten ihm die Leute Platz. Er beugte sich über Ruth, fühlte ihren Puls, zog ihre Lider hoch, warf einen Blick auf ih-

re starren Pupillen. Dann schüttelte er den Kopf, gab ein paar Anweisungen, und zu Susanne sagte er: „Du kannst sie loslassen. Sie spürt deine Hand nicht mehr."
Aber Susanne ließ nicht los. Sie hielt Ruths Hand, bis zwei Männer mit einem kleinen Sarg kamen und Ruth behutsam hineinlegten.

Gudrun Pausewang

Großmutter stirbt

Als Robert aus der Schule kommt, sieht er, dass Mama geweint hat. Robert will zu Großmama rennen, das tut er immer, wenn er aus der Schule kommt. Aber Mama und Otto, sein Bruder, halten ihn zurück. „Du", flüstert Mama, „Großmama ist sehr krank."

„Ist sie tot?", fragt Robert. Er weiß gar nicht, warum er so etwas sagt. „Halt doch den Mund", sagt Otto. Mama schluckt ein paarmal, bevor sie sagt: „Großmama wird wahrscheinlich sterben."

Robert dreht sich um und geht in sein Zimmer und holt die Eisenbahn heraus. Dann geht er wieder auf den Gang. Otto steht noch immer da. Er sieht finster und böse aus.

„Mama, ich will Großmama sehen", sagt Robert.

Mama zögert, dann nimmt sie Robert an der Hand und betritt Großmamas Zimmer. Für Robert ist es das schönste aller Zimmer. Das Bett steht heute nicht an der Wand, sondern es ragt ins Zimmer hinein. Robert sieht Großmama an. Sie ist es und sie ist es nicht. Wo ist sie denn? Doch, es ist Großmama. Sie schaut Robert unverwandt an und plötzlich fürchtet sich Robert.

„Sag doch was, Großmama."

Aus Großmamas Mund kommen Laute, aber keine Worte. Mama streichelt ihre Hand. Otto steht plötzlich auch am Bett und sagt kein Wort.

„Großmama kann nicht mehr sprechen, sie hat einen Schlaganfall gehabt. Vielleicht kommt die Sprache wieder", sagt Mama. Großmama hebt etwas die rechte Hand.

„Sie hört sicherlich alles", denkt Robert und ergreift Großmamas Hand, die sehr kühl ist.

„Wir bleiben etwas bei ihr sitzen, damit sie nicht allein ist."

Großmama atmet seltsam.

„Geh spielen, Robert. Morgen besuchst du sie wieder."
Robert streichelt Großmama noch einmal. Sie hat ihre Augen geschlossen.
„Lass sie doch", murmelt Otto.
Für Großmama hat es keinen Morgen gegeben. Sie ist in dieser Nacht gestorben. Mama hat Robert und Otto gesagt: „Großmama ist tot."
„Wann kommt sie denn wieder?", will Robert wissen.
„Sie kommt nie wieder."
Otto hat nichts gefragt und auch nichts gesagt. Mama weint und Papa nimmt Mama in die Arme und sie weint weiter an seiner Schulter. Auch er sieht traurig aus. Warum ist Großmama denn plötzlich tot? Warum war sie denn krank? Muss man denn immer sterben, wenn man krank wird?
„Nein, nein!" Robert ist ärgerlich, er versteht nichts mehr. Vor einem Monat starb die Mutter von Yvonne, da hatte er sich gar nichts gedacht. Yvonne kam wieder in die Schule und alles war wie immer. Aber mit Großmama ist es anders. Großmama liegt auf ihrem Bett. Sie ist blass und fremd. Ihre Augen sind etwas eingesunken und ihr Mund ist starr. Sie hat eine Binde um den Kopf, als hätte sie Zahnweh.
„Ist das Großmama?", sagt Robert ganz leise. „Warum brennt die Kerze da? Ich will zu ihr." Zum ersten Mal weint Robert: über sich selbst, über Mama, über Großmama, darüber, dass plötzlich alles fremd und anders ist. Später sitzt er mit Mama und Otto auf dem Sofa im Wohnzimmer. Otto hat seinen Kopf an Mamas Hals vergraben, er ist stumm, manchmal seufzt er.
Als Tante Anna in das Zimmer kommt, sagt sie zu Robert: „Komm, hör auf zu weinen. Sei tapfer, mach die Mama nicht noch trauriger, als sie schon ist."
„Lass uns doch weinen, Anna. Es tut so gut. Wir sind traurig. Lass uns", sagt Mama.
Tante Anna antwortet nichts. Sie weint nicht.

„Ist Tante Anna nicht traurig?", fragt Robert leise.

„Doch, sehr, aber sie kann es nicht zeigen."

Otto schaut Mama mit einem dankbaren Blick an. Er kann auch nicht weinen und Mama scheint es zu verstehen...

Abends sitzen beide Kinder bei der Mutter. „War Großmama in dem Sarg, der mit dem Auto weggefahren ist? Wohin haben sie sie gebracht?", fragt Robert.

„In die Leichenhalle beim Friedhof. Dort steht der Sarg, bis sie begraben wird."

„In diesem engen Sarg, Mama? Und wenn sie aufwacht, wie kommt sie da raus?"

„Sie ist tot. Der Arzt hat es festgestellt. Wir sehen sie hier nie mehr wieder."

„Und wohin kommt sie dann?"

„In die Erde, auf den Friedhof neben Großpapa."

„In ein Loch in die Erde?"

„Frag doch nicht so", brummelt Otto.

„Lass ihn", sagt Mama. „Großmama kommt in die Erde. Die Hülle des Menschen, sein Körper, löst sich auf, wenn er tot ist; sie wird wieder zu Erde."

„Und Großmama?"

„Großmama auch. Aber das, was Großmama war, lebt weiter. Sie hat euch sehr lieb gehabt, ihr sie auch, das wird nie verloren gehen."

„Bleibt es in der Luft?"

„Ich weiß nicht, aber ich kann mir nicht vorstellen, dass überhaupt etwas verloren geht. Wir weinen nur, weil wir den Menschen, den wir lieben, nicht mehr bei uns haben. Wir können ihn nicht mehr anrühren, nicht mehr hören, nicht mehr küssen."

„Ich höre Großmama trotzdem", sagt Otto plötzlich.

„Geht sie zum lieben Gott, so wie ein Engel?", fragt Robert.

„Das weiß ich nicht. Ich glaube, dass Gott sie aufnimmt. Wie, weiß ich nicht, aber ich weiß, dass sie für immer in den Frieden eingeht."

„Was ist Frieden?"

„Ein Ort oder ein Zustand, wo man durch nichts mehr verwirrt oder gekränkt wird, wo man nicht mehr Angst hat."

„So, als wenn ich schlafe?"

„Nein, das glaube ich nicht."

„Eigentlich könnte man ja gleich tot sein, wenn alles so schön ist. Warum bin ich auf der Erde?", sagt Otto mürrisch.

„Um zu leben", antwortet die Mutter. „Das heißt, um viele Erfahrungen zu machen, gute und schlechte, um die Welt kennen zu lernen, um Glück zu finden, zu wachsen, zu lernen, zu helfen und zu lieben. Jedes Leben führt zu einem Tod. Nur was gelebt hat, kann sterben. Der Tod gehört zu jedem Leben."

Antoinette Becker

Opa ist gestorben

Trauer ist im ganzen Haus. Der Opa ist gestorben. Alles hat sich verändert. Am schlimmsten aber, so empfindet Ruth, hat sich der Opa verändert.

Bleich und still liegt er im Sarg in der Leichenhalle. Ruth hat ihn mit ihrer Familie dort besucht und sie hat ein ganz starkes Kribbeln im Bauch gespürt, als sie den kleinen, feierlichen Raum betrat, in dem ihr Opa lag. Seine Augen und sein Mund waren fest geschlossen. Die Hände hielt er in einer steifen Art gefaltet. Still lagen sie auf einer weißen Decke. Sie waren fast durchsichtig, wie aus Wachs. Er sah so einsam aus, ihr Opa, so einsam!

Ruth kann an diesem Abend nicht einschlafen. Und aus all den Gedanken, die durch ihren Kopf ziehen, greift sie einen mutig heraus.

„Ich gebe ihm mein Schäfchen mit", denkt sie. „Dann ist er nicht mehr so allein."

Am nächsten Tag bringt sie ihr Lieblingsschäfchen zum Opa und setzt das kleine Stofftier vorsichtig auf seine Hände. Da wird auch ihr ältester Bruder mutig und zieht einen zerknitterten Brief aus seiner Hosentasche. Er legt ihn auf die weiße Decke. „Hallo Opa! Uns geht es gut. Wir sind noch ein bisschen traurig wegen dir. Der neue Rasenmäher ist prima. Nur eins ist doof: er geht schwer zu schieben. Grüß Pedro von uns! Tschüss! Jan."

Friedlich sieht der Opa nun aus, fast als ob er lächeln würde. Und ein Lächeln geht über die Gesichter der Menschen, die ihn noch einmal besuchen.

Mechthild Holtermann

Der Tod des Vaters

Hoffmanns haben gar keinen Vater mehr", sagte der kleine Dirk ganz still vor sich hin. Es war auf dem Rückweg im Auto. Vater steuerte. Mutter saß neben ihm. Auf dem Rücksitz saßen Dirk und seine Schwester Anja.

Dirk war ganz versonnen: „Aber mit dem großen Jungen von Hoffmanns habe ich ganz prima Fußball gespielt."

„Mit dem Mädchen habe ich auch schön gespielt", sagte Anja. „Aber sie waren ganz traurig, als wir gefragt haben: Wo ist denn euer Vater? Ist er gar nicht da?"

Das Auto machte eine scharfe Rechtskurve. „Hm", sagte Vater vorn, ohne sich umzudrehen. „Herr Hoffmann ist vor ein paar Wochen plötzlich gestorben."

„Und wo ist er jetzt?", fragte der kleine Dirk.

„Sie haben ihn vergraben", sagte Anja.

„Begraben", sagte der Vater.

„Und nun haben sie gar keinen Vater mehr?", fragte Dirk.

„Nein", antwortete die Mutter, „und das ist ganz schlimm."

„Können sie ihn denn nicht wieder ausgraben?", fragte Dirk. „Sie tun mir so Leid."

„Nein", sagte die Mutter, „das geht nicht. Wenn ein Mensch tot ist, dann ist er tot."

„Und wo ist er dann? Ist er dann bei Gott?", fragte Anja. „Kann Gott ihn denn nicht wieder lebendig machen, wenn er sieht, dass die Mutter und die Kinder so traurig sind? Kann er das nicht?"

Die Eltern schwiegen. Die Straße führte zwischen Wiesen hindurch. Kühe lagen im Gras.

„Müssen wir alle sterben?", fragte Dirk.

„Ja", sagte der Vater.

„Ich auch?"

„Ja, du auch", sagte der Vater.

„Du auch?"

„Ja", sagte der Vater.

„Wirst du dann vergraben?"

„Begraben", sagte Anja.

„Ja", sagte der Vater.

„Mutter auch?"

„Ja", nickte die Mutter, drehte sich um, strich Dirk über das Haar und sagte: „Aber wir hoffen, dass wir noch lange zusammen sein können, nicht wahr?"

Dirk nickte.

Die Sonne ging unter. Rot stand sie über den Hügeln im Westen.

„Mutter?"

„Ja, Dirk."

„Du sagst immer, all das hat mit Gott zu tun, die Welt und all das Schöne."

„Ja, Dirk."

„Du sagst immer, Gott hat das alles gemacht, nicht?"

„Ja, Dirk, das glaube ich."

„Hat Gott auch den Tod gemacht?"

Hans May

Gebet

Manchmal, Jesus,
denke ich an den Tod.
Zum Beispiel, wenn die Eltern
mit dem Auto unterwegs sind und
ich im Radio von Unfällen höre.
Dann bekomme ich eine Gänsehaut
und hole mir ein Buch zum Lesen.
Wenn sie dann zur Tür
hereinkommen, drücke ich sie
ganz fest. Und ich frage:
„Habt ihr mir was mitgebracht?"
Dass ich Angst hatte,
sage ich nicht.

Manchmal, Jesus, fürchte ich mich vor dem Sterben.
Zum Beispiel, wenn im Fernsehen
ein Krimi läuft und Menschen
erschossen werden. Dann kann ich
nicht mehr hinschauen und gehe
zum Schrank, hole mir Schokolade.
Wenn der Film zu Ende ist
und ich ins Bett muss, nehme ich
mir alle meine Kuscheltiere mit.
Dass ich Angst habe,
sage ich niemandem.

Mit dir, Jesus,
kann ich darüber reden. Danke,
dass du mir zuhörst. Ich bin froh,
dass ich von dir etwas weiß.
Zum Beispiel, dass du von
den Toten aufgestanden bist.
Obwohl ich das nicht richtig verstehe.
Aber wenn ich daran denke,
verschwindet meine Angst ein wenig.
Danke, Jesus!

Dietlind Steinhöfel

Der Tod ist nicht das Ende

Geschichten vom Trösten

Gedanken zum Thema

Wenn die Realität des Todes nicht mehr länger verdrängt werden kann, kommen die schweren Fragen. Was geschieht nach dem Tod? Wo sind die Toten? Kommen sie nie wieder zurück? Das Unwiderbringliche, Endgültige des Todes ist es, was uns so erschrecken lässt.

Ein Kind, das begriffen hat, dass es einen geliebten Menschen nie wieder sehen wird, dass sie nie wieder miteinander reden, spielen, lachen können, erlebt eine Phase tiefer Traurigkeit. In dieser Zeit braucht es Trost und Beistand durch verständnisvolle, zuverlässige, liebevolle Erwachsene, die ihm erlauben, seinen Schmerz zu zeigen, die das Weinen aushalten und die Wut verstehen. Für die Bewältigung des Verlustes ist es wichtig, dass die Trauer ganz durchlebt wird. Trauer sollte nicht unterdrückt oder mit Ablenkungsversuchen überspielt werden. Keinesfalls darf ein trauerndes Kind dazu gedrängt werden, seinen Kummer möglichst schnell hinter sich zu bringen.

Oft leiden Kinder versteckt, können ihre Trauer nicht ausdrücken, wagen ihre Ängste, ihre Fragen und ihren Kummer nicht auszusprechen. Manche unterdrücken ihren Schmerz, weil sie die betroffenen Erwachsenen nicht noch mehr belasten wollen. Solche Kinder brauchen die Ermutigung, gewissermaßen die „Erlaubnis" zum Traurigsein und dazu, über die verstorbene Person reden und Fragen stellen zu dürfen über alles, was mit Tod und Sterben zusammenhängt.

Unabhängig von konkreten Erfahrungen mit dem Tod beschäftigen sich Kinder auch mit anderen dunklen Seiten des Lebens: Armut, Krankheit, Einsamkeit und Trauer... Erwachsene sollten Kindern ihre natürliche Empathie nicht zerstören, sondern die Herausforderung annehmen, sich unangenehmen Situationen zu stellen. Eine Gesellschaft, in der sich keiner mehr zuständig fühlt für Hilfe, in der Armut und Leid als Belästigung angesehen werden, bietet auch Kindern keine menschliche Zukunft. Erst das Erkennen und Empfinden von Leid macht Trost und Hilfe möglich. Kinder sollten früh erfahren, dass vieles in der Welt veränderbar ist. Die Ideen der Kinder, wie kranken oder obdachlosen Menschen zu helfen wäre, könnten den oft ausgehöhlten biblischen Begriff der Nächstenliebe lebendig werden lassen.

Die Geschichten dieses Kapitels versuchen ganz allgemein, elementare Sinnfragen aufzugreifen und sich den Antworten auf eher spielerische Weise zu nähern.
Wo ist die Sonne, wenn der Himmel grau ist? Kommt nach der Trauer die Fröhlichkeit wieder? Texte über die Vergänglichkeit, über Warten und Hoffen bieten die Möglichkeit gemeinsam nachzudenken und darüber zu sprechen. Solche Geschichten können Trennungssituationen vorbereiten oder begleiten.
Die Geschichten thematisieren die Gefühle der Einsamkeit, der Trauer, den Schmerz über den Verlust. Kinder werden sich in den beschriebenen Empfindungen wiederfinden.
Auch Angehörigen und Freunden von Trauernden erleichtern die Erzählungen das Mitgefühl und Verstehen. Sie bestärken die Erwachsenen, den Kindern in schwierigen Situationen Beistand zu leisten, sie zu trösten und bei ihrer Trauerarbeit zu begleiten. Trauer braucht Zeit. Nicht die großen Worte sind gefragt, sondern der lange Atem, Geduld und Einfühlungsvermögen.

Den Abschluss des Kapitels bilden Hoffnungsgeschichten. Sie berichten von Menschen, die im Glauben an Gott den Tod annehmen. Eine Beerdigung wird auf Grund der großen Anteilnahme als tröstlich empfunden.
Kinder erfahren, dass der Tod nicht nur Ende und Trauer bedeutet. Es gibt Trost und Hoffnung.

Leichte und schwere Fragen

Was weißt du vom Regenwurm
vom Südpol und vom Fernsehturm?
Weißt du warum ein Huhn nicht bellt
der Schnee nicht grün vom Himmel fällt?
Was weißt du vom Großen Nil
vom Frühling und vom Krokodil?
Weißt du wovon die Großen träumen
und warum
sie manchmal weinen?

Anne Steinwart

Vom Trösten

Trost ist ein komisches Wort, wenn man es ganz oft hintereinander spricht.

trösten – tröstet – getröstet – Trost – Trostpflaster – Trostpreis – trostlos …

Ein Trostpflaster habe ich von meiner Tante bekommen, als mein Bruder verreiste und ich nicht mitfahren durfte. Sie kaufte mir ein klitzekleines Teddybärchen.

Beim Wettspiel habe ich einen Trostpreis gewonnen. Das war ein bunter Luftballon. Eigentlich ganz schön, aber doch eben nicht der richtige Preis. Was ist das – trösten? Wenn ich traurig bin und jemand mit mir spricht, wenn ich dann ein bisschen fröhlich werde – ist es das? Es passiert oft, dass mir irgendjemand gut zuredet, wenn ich weine, wenn ich hingefallen bin, wenn ich etwas verloren habe. Meistens ist das sehr schön. Aber es hilft nicht immer.

Einmal habe ich meine Lieblingshandschuhe verloren. Vielleicht finden das andere nicht schlimm. Aber meine Oma hatte sie mir gestrickt. Die Handschuhe waren ganz bunt. Und Oma lebt nicht mehr. Die Handschuhe haben mich an sie erinnert.

Viele haben versucht, mich zu trösten. Meine Tante hat mir neue versprochen. Aber eigentlich ging es mir erst wieder besser, als Mama mich in die Arme genommen hat. Bei ihr konnte ich richtig weinen. Sie hat mich verstanden, viel mehr als die anderen alle zusammen.

Dietlind Steinhöfel

Der graue Himmel

Es gibt den blauen Himmel und den grauen Himmel.

Der blaue Himmel ist immer schön. Manchmal hat er weiße Wolken.

Heute ist der Himmel grau. Da scheint die Sonne nicht.

Es ist kalt.

Es wird noch regnen.

Das Kind ist traurig.

Auf einmal sieht es mitten im grauen Himmel ein blaues Loch – und dort noch eines.

Das eine geht wieder zu. Das andere wird größer. Jetzt geht es auch wieder zu.

Vielleicht kommt es wieder.

Die Mutter sagt: „Heute ist ein grauer Tag."

„Nein", sagt das Kind, „der blaue Himmel ist da, Mutter. Man sieht ihn nur nicht."

Irmgard von Faber du Faur

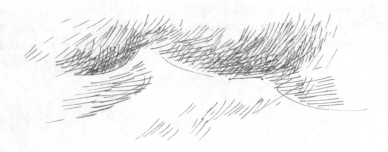

Warum die Hasen lange Ohren haben

„Es regnet", wisperte eine junge Stimme.

„Es regnet schon mein Leben lang", wisperte eine alte Stimme.

Das Häslein aber saß hinter dem großen Pestwurzblatt am Bach und spitzte die Ohren, damit ihm kein Wort von dem entging, was die junge und die alte Eintagsfliege miteinander sprachen.

Regentropfen können wie eifrige Spechte klopfen,

sie können wie tolle Trommler trommeln,

sie können plaudern wie Zitterpappeln,

sie können wie wandernde Schafherden trappeln,

sie können, wenn sie zu Tausenden springen,

wie ganze Völkerscharen singen.

Alles, was Regentropfen können, das taten sie. Die Eintagsfliegen aber hatten Stimmen, wie ein Hauch so dünn, wie ein Haar so fein. Und das Häslein musste gewaltig die Ohren spitzen.

„Wann hört es auf zu regnen?", fragte die junge Stimme.

„Kind", entgegnete die alte Stimme, „es regnet. Das ist das Leben."

„So muss ich immer unter diesem Blatte sitzen?", fragte die junge Eintagsfliege. Und in der Stimme, so klein sie war, so fein wie ein Haar, lag alle Traurigkeit der Welt.

„Andern ist es nicht anders ergangen", beschwichtigte die alte Eintagsfliege. „Auch ich war einmal ein blutjunges Ding, so wie du jetzt. Fast vierundzwanzig Stunden ist's her, ach, eine lange Zeit. Damals wollte auch ich hoch hinaus. Bis ich allmählich begriff, dass dies das Leben ist: Unter einem Blatt sitzen, während der Regen niedergeht."

„Ich möchte leben! Ich möchte schweben!", rief die junge Eintagsfliege.

„Zu fliegen, genau das war auch mein Traum, damals, als ich noch so jung war wie du. Heute lächle ich darüber."

„Aber was tragen wir auf dem Rücken?", klagte die junge Eintagsfliege.
„Sind es nicht Flügel? Flügel, um zu fliegen? Wozu sind uns Flügel gegeben, wenn wir uns niemals in die Lüfte heben dürfen? Wozu? Wozu?" Die
Stimme ging in Schluchzen über.
„Fragen! Fragen!", rief die alte Eintagsfliege. „In deinem Alter steckte auch
ich voller Fragen. Damals hatte ich das Glück, einer uralten, weisen Eintagsfliege zu begegnen. Sie hatte schon den vorgestrigen Tag erlebt. Ein
langes, reiches Leben lag hinter ihr. Da, wo du jetzt sitzt, hatte sie es ver-
bracht. Die Flügel, so sagte sie mir, sind uns zum Troste verliehen. Damit
wir den Glauben nicht verlieren. Den Glauben an den Traum. Diese Hoch-
betagte erzählte mir ein Märchen, ehe sie verschied. Und nun, da meine
eigenen Minuten um sind, will ich dieses Märchen an dich weitergeben.
Hör zu! Es war einmal eine Zeit, da kam der große Friede über das Bachtal.
Das Wasser hörte auf, vom Himmel zu fallen ..."
„Wann war das?", rief die junge Eintagsfliege begierig. „Wann wird das
wieder sein?"
„Es ist ein Märchen, Kind! Begreifst du denn nicht? Bei einem Märchen
fragt man nicht nach dem Wann. Und nun unterbrich mich nicht mehr.
Meine Sekunden sind gezählt und ich möchte nicht sterben, ohne dieses
Märchen weitergegeben zu haben – Das Wasser hörte auf, vom Himmel
zu fallen und die Winde hörten auf zu toben. Der schwarzgraue Himmel
öffnete sich und ein neuer Himmel erschien, hoch und blau. Über diesen
blauen Himmel aber wanderte ein herrliches goldenes Wesen, das warme
Strahlen auf die Erde herniederschickte. Und siehe, nun stiegen Eintagsfliegen aus tausend Verstecken zu beiden Seiten des Baches. Sie hoben sich
allüberall in die laue, stille Luft. Zu Tausenden tanzten sie über dem Tal.
Und des Jubels war kein Ende. – Dies war das Märchen. Bewahre es gut in
deinem Herzen und gib es denen weiter, die nach dir kommen werden.
Meine letzte Sekunde ist angebrochen. Lebe wohl."
Das Häslein schloss die Augen. Wie seltsam, dachte es, ist ein Eintags-

fliegenleben. Aber wer weiß, dachte es dann, vielleicht gibt es auch jemand, der mich Häslein betrachtet und sich denkt: Wie seltsam ist so ein Hasenleben ...

Als das Häslein die Augen wieder öffnete, erschrak es fast. So hell war es plötzlich ringsum. Hell und still. Der Regen hatte aufgehört zu fallen. Die Wolken verzogen sich, die goldene Sonne erschien. Hinter dem Pestwurzblatt flog eine Eintagsfliege empor. Sie schwang sich bis zu den Baumwipfeln hinauf, schwebte nieder und hob sich von neuem. Hier stieg eine Eintagsfliege empor, dort eine andere, bald tanzten sie zu Tausenden über dem Tal. Das Häslein aber hoppelte weiter. Wie unendlich reich ist die Welt, wenn man versteht, die Ohren zu spitzen!

Josef Guggenmos

Honig

Hummmelkind:	Mami, was ist das – Glück?
Hummel:	Honig saugen
Hummelkind:	Darf ich schon Honig saugen?
Hummel:	Ja
Hummelkind:	Wann, Mami?
Hummel:	Morgen, mein Kind
	morgen nehme ich dich mit
Hummelkind:	O ja, wie lange dauert das Glück?
Hummel:	Wenige Sekunden
Hummelkind:	Kann man das wieder tun – immer?
Hummel:	Ja – aber nicht immer
Hummelkind:	Warum nicht?
Hummel:	Wenn der Winter kommt, ist es vorbei
Hummelkind:	Mami, warum ist das Glück so kurz?
Hummel:	Damit man es merkt

Jürgen Spohn

Ein Tisch allein

Es war einmal ein Tisch, der hieß – natürlich – Tisch. Er hatte vier Beine und eine glänzende Platte aus Kirschholz. Es war ein schöner und praktischer Tisch. Er war nicht zu hoch und nicht zu niedrig. Aber er war allein. Er stand allein auf einem Platz und sagte: „Ich bin ein Tisch."

Nach einiger Zeit, da er sich langweilte, begann der Tisch zu träumen. Er träumte von einem Zimmer, in dem er in der Mitte stand, und Leute gingen auf und ab und stellten Schüsseln mit köstlichem Obst, Schalen mit Eisbergen und rote Gläser auf den Tisch und sie lachten dabei. Dann wieder träumte er, jemand lege ein Buch auf seine Platte, und es raschelte jedes Mal fein, wenn die Seiten umgeblättert wurden.

„Ach", seufzte der Tisch, „wenn ich doch wenigstens einen Stuhl hätte, der neben mir stünde!"

Er stellte sich vor, er fahre mit einem Schiff und an jeder seiner Seiten säße ein Kapitän mit einer weißgoldenen Uniform und sie spielten Rommé und jedes Mal schauerte es ihn, wenn sie die Karten hinwarfen.

„Wenn ich doch nur weglaufen könnte! Weg von diesem schauerlichen leeren Platz!"

Er versuchte, ein Bein vorzuziehen, aber es wurde nur krumm.

Einmal, bei Regen, kam ein Hund und setzte sich unter den Tisch und wartete den Guss ab und der Tisch dachte: „Ich bin zwar keine Hundehütte, aber warum nicht... besser wäre es, als Esstisch zu dienen, oder in einem Büro Arbeit zu haben..." Wenn er gekonnt hätte, wäre er eine Treppe hinaufgelaufen oder auch mit dem Fahrstuhl gefahren.

Eines Tages kam ein dröhnender Lastwagen und Männer, die Handschuhe anhatten, sprangen heraus. Einer rief: „Was ist das für ein Gerümpel?! Auf den Sperrmüll damit!"

Und er packte den Tisch und warf ihn auf den Wagen. Der Tisch war empört und rief: „Ich bin ein Tisch!"
Aber das hörten die Männer nicht. Sie fuhren durch die Stadt und der Tisch betrachtete neugierig die vielen Häuser. Auf dem Müllplatz wurde der Tisch auf einen Haufen Schrott geworfen und er stöhnte, weil er ganz zerkratzt wurde, und er merkte, dass ein Bein wackelte.
Auf dem Müllplatz lag er viele Tage auf der Seite, denn niemand stellte ihn auf die Beine. Nun kam aber ein Mädchen, das Nelly hieß, und sah gleich: „Aha, das ist ein Tisch, den kann ich gebrauchen."
Der Tisch knarrte vor Freude.
Nelly zog den Tisch aus dem Müllhaufen heraus und hinter sich her und sagte: „Den nehme ich mit!"
Sie nahm den Tisch mit auf den Spielplatz. Dort erlebte der Tisch nun allerlei. Einmal sagte Nelly: „Das ist mein Löwenkäfig!" und kroch unter den Tisch. Oder sie sagte: „Das ist der Kilimandscharo" und kletterte hinauf und sprang wieder hinunter. Und sie drehte den Tisch um und spielte Rettungsfloß und dann wieder stellte sie Kuchen aus Sand und Blumen darauf und sprach mit den Leuten, die gar nicht da waren: „Nehmen Sie doch ein Stück, Frau Königin!"
Der Tisch fühlte sich anfangs etwas unsicher, weil er doch lieber in einem Zimmer gestanden hätte. Aber als das Mädchen einmal sagte: „Das hier ist der schönste Tisch der Welt", da war er sehr froh und glücklich.
Nur nachts, wenn niemand mehr auf dem Spielplatz war und die Schaukel vom Wind bewegt wurde, träumte er von einem Stuhl, und zusammen stehen sie in einem Saal, der von Kerzen hell erleuchtet ist.

Stefan Reisner

Tino schaut weg

Tino sieht einen alten Mann über die Straße gehen. Der Mann stützt sich auf Krücken und schleift die Beine nach. Die Beine sind steif wie bei Tinos hölzernem Kasperl.

Der Mann geht ganz langsam. Manchmal bleibt er stehen und atmet tief. Sein Kopf steckt zwischen den Schultern, sein Gesicht ist vor Anstrengung rot.

Tino schaut weg.

Er kann nicht mitanschauen, wie schwer dem Mann das Gehen fällt.

Tino sieht einen Spatzen auf dem Fensterbrett hocken. Draußen weht der Herbstwind. Der Spatz plustert sich auf. Er ist eine Federnkugel, die in der Kälte bebt.

Tino schaut weg.

Er kann nicht mitanschauen, wie der Spatz sich gegen den kalten Wind wehrt.

Dauernd muss ich wegschauen, denkt Tino. Wenn ich immer wegschauen muss, werde ich schwindlig. Überall geschehen traurige Dinge. Ich kann gar nicht schnell genug wegschauen.

Tino schließt die Augen.

Im Dunkeln fällt ihm etwas ein.

Wenn Tino den alten Mann wieder vorüberhumpeln sieht, wird er fragen: „Tut es sehr weh?"

Wenn Tino den Spatzen auf dem Fensterbrett sieht, wird er ihm ein paar Brösel streuen. Denn Essen im Bauch hält warm.

Lene Mayer-Skumanz

Bis morgen, Melanie

illa hatte Melanies Mutter gekannt. Man konnte sich vorstellen, dass sie in ein Auto lief. Wenn man Melanies Mutter gekannt hatte, konnte man es sich vorstellen.

Aber man konnte sich nicht vorstellen, dass sie nun tot war. Melanies Mutter war ganz besonders lebendig gewesen. Billa hatte sie lachend in Erinnerung. Lachend warf sie mit einer schnellen Kopfbewegung das lange, glatte Haar zurück. Sie lachte, weil sie es nicht schaffte, die Wohnung in Ordnung zu halten. Weil man hundert Dinge wegräumen musste, um sich hinsetzen zu können, wenn man Melanie besuchte. Lachte, weil sie vergessen hatte, Brot zu kaufen, lachte, als die Katze die Blumenvase kaputtschmiss.

Vielleicht war sie jünger gewesen als andere Mütter. Sie hatte Rockmusik gemocht, ausgeblichene Jeans und Himbeereis.

Sie hatten sie alle gekannt. Alle Mädchen in der Klasse hatten Melanies Mutter gekannt. Und nun war Melanies Mutter tot. Sie war in ein Auto gelaufen. Natürlich war sie eilig gewesen. Sie hatte es ja nie geschafft, sich dem Zeitplan ihrer Umwelt anzupassen. Es war gegen achtzehn Uhr dreißig gewesen und sie hatte die Einkaufstasche in der Hand gehabt.

„Melanie hatte einen Zusammenbruch", sagte die Lehrerin. „Ihr Vater hat sie in ein Krankenhaus bringen müssen."

Melanies Vater hatte eine Reisetätigkeit. Er war nur an den Wochenenden zu Hause.

„Ich hoffe, dass ihr euch um sie kümmert", sagte die Lehrerin. „Wenn sie aus dem Krankenhaus kommt, wird es schwer für sie sein. Lasst sie nicht allein."

Es hatte heftige Bewegungen ringsum gegeben. Und in der Pause hatten sie zusammengestanden und ihre Pläne besprochen. Natürlich würden sie

Melanie helfen. Sie würden sie abwechselnd zu sich nach Hause einladen, sie würden mit ihr ausgehen, ins Kino vielleicht, zum Sportfest oder in den Zoo. Sie würden alle miteinander alles tun, was in ihrer Kraft stand. Nie zuvor war ihnen etwas ernster gewesen.

Und eines Tages war Melanie wieder da. Sie saß auf ihrem früheren Platz und sie sah aus wie früher. Zierlich, blass und, als ob die Fülle des dunklen Haares zu schwer für sie sei. So hatte sie immer ausgesehen. Konnte es sein, dass sie sich nicht verändert hatte?

Aber Melanie hatte sich verändert. Sie schwieg. Melanie, die früher nicht lange still sein konnte und der fantastische Dinge einfielen, schwieg.

„Wir würden uns alle freuen", sagte Jutta. „Kommst du mit?"

Melanie schüttelte den Kopf.

„Nein", sagte sie, „danke."

Und dann ging sie allein nach Hause. Ein Stück lief Vera neben ihr her. „Sie hat mich nicht mal angesehen", sagte sie dann. „Als ob ich ein fremder Hund wär oder so."

Melanie ging nicht zu Petras Geburtstag und nicht zum Sportfest.

„Nein, danke." Und sie machte sich allein auf den Heimweg, aufrecht und ein bisschen steif.

Wie ein Kinderspielzeug, das man mit einem Schlüssel aufgezogen hat, dachte Billa. Und sie dachte, dass Melanie heim musste, weil sie nicht glauben konnte, dass ihre Mutter tot war. Dass sie jeden Tag dieser wahnsinnigen Hoffnung folgend heimging, um ihre Mutter zu finden.

Die Lehrerin tat, als ob Melanie in Ordnung sei. Aber nach dem einen Mal sprach sie sie niemals wieder direkt an.

„Weißt du's, Melanie?", hatte sie gefragt.

Und Melanie war nicht einmal erschrocken. Sie hatte die Lehrerin mit leerem Blick angestarrt, bis es peinlich wurde und Inge die Antwort rief.

„Man kann ihr nicht helfen", sagten die anderen jetzt manchmal und zuckten die Achseln. „Sie will sich nicht helfen lassen."

„Ich kann mir auch immer noch nicht vorstellen, dass ihre Mutter tot ist", sagte Billa. „Wie soll sie es so schnell begreifen?"

Anfangs lösten sie sich ab. Zwei oder drei von ihnen gingen nachmittags in die Straße, in der Melanie wohnte. Da konnte es sein, dass sie sie trafen, wenn sie zum Supermarkt ging. Oder sie sahen, dass sie die Katze auf den Balkon ließ und wieder hinein.

„Seltsam ist, dass sie nie verheult aussieht", hatte Ines einmal gesagt.

„Das gibt's schon, dass einer nicht weinen kann", sagte Petra. „Das gibt es."

Mit der Zeit blieb eine nach der anderen fort. Und zum Schluss war es nur noch Billa, die am frühen Nachmittag auf der Straße herumlungerte, im Supermarkt Bonbons kaufte oder gegen die Sonne hochsah zum Balkon, auf dem die Blumen von Melanies Mutter längst verdorrt waren.

Melanie wusste, dass Billa da war. Wenn der Zufall sie nah aneinander vorbeiführte, zuckte es ganz wenig in Melanies Gesicht, so, als wolle sie versuchen zu lachen oder auch zu weinen. Aber Billa begriff, dass sie beides nicht konnte.

Manchmal in den langen Wochen hatte Billa keine Lust mehr, sich um Melanie zu kümmern. Aber dann bildete sie sich ein, dass Melanie auf sie warte. Dass das Warten auf ihre Mutter und auf Billa für Melanie zusammengeschmolzen war.

Billa konnte da sein. Und Billa war da.

Sie spazierte um den Häuserblock, sie schaute sich die Schaufenster an, und bevor sie heimging, dachte sie: Bis morgen, Melanie. Und ihr war, als nähere sie sich mit jedem Tag einem Zeitpunkt, an dem sich etwas ändern würde.

„Gehst du immer noch dahin?", hatten sie morgens in der Klasse gefragt, Ines und Jutta. „Ist doch Quatsch!", hatten sie gesagt.

Und genau an dem Tag stellte es sich heraus, dass es kein Quatsch war, beständig zu sein.

Billa stand schon lange unten. Sie war unruhig. Die Katze war immer noch auf dem Balkon. Es regnete und die Katze war schon zwanzig Minuten auf dem Balkon. Das war noch nie vorgekommen. Billa konnte sehen, dass sie schrie. Sie kratzte an der Tür und schrie. Etwas stimmte nicht.

Billa zog die Schultern hoch und ging auf das Haus zu. Sie wusste, dass die Tür nicht abgeschlossen war. Auf der Treppe spürte sie, wie ihr Herz klopfte.

Melanie kam ihr entgegen.

„Billa", sagte sie, „ich wollte… ich dachte, dass du da unten…"

„Die Katze…", sagte Billa.

„Bleibst du ein bisschen bei mir?", sagte Melanie.

Billa nickte. Sie gingen in die Wohnung und Melanie holte die Katze vom Balkon. Dann stand sie da und weinte. Und sie streichelten beide die Katze und Billa wusste, dass es wieder gut werden würde mit Melanie.

Gina Ruck-Pauquèt

Wo ist Gott, wenn jemand stirbt?

Als unser Vater starb, sind wir ganz nahe zusammengerückt, die Kinder und ich. Wir haben miteinander geweint und uns von ihm erzählt. Auch mit den Freunden haben wir von ihm gesprochen, Bilder angeschaut und gesagt, wie lieb wir uns alle hatten.

Manchmal wurden wir dabei besonders traurig. Aber wir spürten auch: Er ist uns noch sehr nah. Ein bisschen lebt er in uns weiter – in der Erinnerung, in mir und in den Kindern sowieso.

Wenn wir so beieinander sind, dann spüren wir auch etwas von Gott. Die Menschen, Freunde, Verwandte, aber auch Fremde, die uns besuchen, bringen uns etwas von seiner Liebe.

Manchmal sprechen wir davon, dass Gott dem Toten jetzt Geborgenheit und Liebe gibt.

„Papa ist jetzt bei Gott", sage ich zu den Kindern. Auch wenn ich nicht so genau sagen kann, was das bedeutet.

Immer trösten uns diese Gedanken nicht, denn wir vermissen ihn sehr. Und manchmal frage ich Gott: „Warum hast du das zugelassen?"

Aber darauf gibt es keine Antwort. Ob Gott den Tod eines noch jungen Mannes gewollt hat, kann ich nicht sagen. Vielleicht hat er es gar nicht gewollt. Doch ganz bestimmt hat er ihn aufgenommen und sich längst um ihn gekümmert.

Wie das ist, wenn Gott sich um Menschen kümmert, die gestorben sind? Ich weiß es nicht. Ich stelle mir vor, sie fühlen sich geborgen wie ein Kind in den Armen der Mutter. Sie fühlen sich leicht wie ein Schmetterling.

Für uns ändert sich das Leben. Aber es geht weiter. Immerzu. Und wir bleiben nicht allein, weil Gott auch für uns da ist.

Dietlind Steinhöfel

Frühling auf dem Friedhof

Er wird immer so alt sein wie in diesem Augenblick", sagt Vater und zeigt auf den Jungen, der in der Sofaecke sitzt und strickt. „Natürlich nur im Film, nur wenn dieser Film gezeigt wird."
Volker staunt. So hatte er sich das in einem Fernsehstudio nicht vorgestellt. Es ist das erste Mal, dass er seinen Vater, der hier als Kameramann arbeitet, begleiten darf. Heute hat Vater nur eine kleine Besprechung. Darum darf Volker mit. Ansonsten sind Besucher im Studio nicht erwünscht.
„Sie stören uns bei der Arbeit", sagt Vater. Er zeigt auf eine Kamera. „Eine solche bediene ich auch."
„Aber da sind vier oder fünf Kameras", flüstert Volker.
„Sie alle liefern Bilder zum Mischpult. Dort sucht der Regisseur mit seinem Cutter die besten aus."
Volker wundert sich über die vielen Leute, die dort herumlaufen, und die vielen Lampen, die von der Decke herabhängen, und die vielen Kabel, die auf dem Boden liegen. Hier herrscht scheinbar das Chaos. Sogar Besen und Eimer stehen herum.
„Das bekommt der Zuschauer nicht zu sehen", lacht der Vater und drängt Volker zum Weitergehen. Am Ende eines langen Ganges betreten sie einen Raum. An einem Tisch sitzen Vaters Arbeitskollegen und Kolleginnen. Sie lesen in einem Buch, Volker weiß: Das ist das Drehbuch. Vater hat ihm erklärt, dass oft bis zur letzten Minute daran gearbeitet wird. Volker setzt sich in eine Ecke und hört zu. Erst wird leise gemurmelt. Dann sagt der Regisseur: „Die Friedhofszene sollten wir noch einmal besprechen."
„Die Friedhofszene drehen wir wie immer", sagt Volkers Vater. „Den Himmel bedecken dunkle Wolken und der Regen prasselt auf die Erde nie-

der. Der Regen ist wie die Tränen auf den Wangen und die Dunkelheit gleicht der Trauer im Herzen." Alle nicken.

„Nein", sagt der Regisseur, „unsere Szene spielt im Frühling. Überall ist zartes Grün zu sehen, das aus der kalten Erde drängt, Federwolken ziehen über den lichten Himmel und helles Vogelgezwitscher klingt in der Luft." Alle schauen den Regisseur an, als sei er von Sinnen. Noch nie hat man eine Grabesszene so inszeniert.

„Ja", sagt der Regisseur, „so drehen wir die Szene, so, als würde neues Leben beginnen. Denn jeder Tod ist eine Geburt."

Heribert Haberhausen

Wenn ich gestorben bin

wenn ich gestorben bin
hat sie gewünscht
feiert nicht mich
auch nicht den tod
feiert den
der ein gott von lebendigen ist

wenn ich gestorben bin
hat sie gewünscht
zieht euch nicht dunkel an
das wäre nicht christlich
kleidet euch hell
singt heitere lobgesänge

wenn ich gestorben bin
hat sie gewünscht
preiset das leben
das hart ist und schön
preiset DEN
der ein gott von lebendigen ist

Kurt Marti

Dem Licht entgegen

S eit Wochen ist keiner seiner Freunde mehr gekommen. Anfangs haben ihn alle besucht, die Klassenkameraden, die Kinder vom Spielplatz und die Freunde von der Jugendgruppe. Aber das ist lange her. Das war, als er ins Krankenhaus eingeliefert wurde. Damals hat Tommy noch zum Arzt gesagt: „Sie machen mich doch wieder gesund, Doktor?!"

Aber der Arzt hat nicht geantwortet, hat ihn nur gestreichelt und ist gegangen. Die Verwandten haben ihn getröstet: „Es wird schon wieder, Tommy!" Doch Tommy hat ihnen nicht geglaubt, als die Schmerzen immer größer wurden, die Haare ausfielen. Bald konnte er sich nur noch im Rollstuhl bewegen. Und dann lag er oft tagelang im Bett.

Seit Wochen hat er nun nur zwei Besucher, die täglich kommen. Die Mutter, die ihn streichelt, die Sonne, die ihn wärmt. Die Sonne kommt schon morgens, die Mutter nachmittags. Dafür bleibt sie länger als die Sonne, oft bis spät am Abend. Denn in den Nächten findet Tommy wenig Schlaf. Die Schmerzen wecken ihn immer wieder auf.

Heute ist er schon sehr früh wach. Mit seinem Rollstuhl fährt er den finsteren Flur hinunter in die Krankenhauskapelle. Im Halbdunkel liegt der Altar. Tommy sitzt in seinem Stuhl und drückt die Hände auf seinen Bauch, der schmerzt. So wartet er eine Weile.

Plötzlich fallen Sonnenstrahlen durch das Kirchenfenster, durch das Fenster mit dem Bild des Erlösers. Tommy strömt zu hellem Licht.

Heribert Haberhausen

So einer war Thomas

Heute haben wir Thomas beerdigt. Das ganze Dorf ist mitgegangen. Kinder und Erwachsene. Alte und junge Leute. Viele haben Blumen mitgebracht. Und die Kränze, die die Leute auf den kleinen Sarg legten, trugen alle leuchtende Blumen, gelbe und weiße, blaue, rote und violette.

Heute haben wir Thomas beerdigt und es fällt uns so schwer, Abschied von ihm zu nehmen. Jetzt spüren wir immer deutlicher, wie lieb wir ihn hatten und wie lieb er uns alle hatte. Mit sechs Jahren ist Thomas gestorben. Sechs Jahre ist er nur alt geworden. Aber jeder im Dorf hat ihn gekannt.

Unser Dorf ist klein. Da kennt jeder jeden. Aber den Thomas, den haben alle ganz besonders gut gekannt. Vielleicht sogar besser als den Bürgermeister und den Pfarrer. Das sagt sogar die Zeitungsfrau, die auch zur Beerdigung gekommen ist. Von der Klinik in Göttingen sind auch die Schwestern gekommen. Sie haben einen großen Strauß Tulpen mitgebracht.

„Er war immer froh, obwohl er so krank war!", sagte Schwester Ilse. „Mit seiner Fröhlichkeit hat er den anderen in seinem Zimmer Mut gemacht!"

„Dabei war er doch so stark behindert!", fügt Schwester Claudia hinzu.

Ja, dass Thomas behindert war, das wussten alle im Dorf. Nicht nur körperbehindert. Er war so stark geistig behindert, dass er ganz spät erst angefangen hat, überhaupt etwas zu sprechen. Oft konnte man ihn nicht richtig verstehen. Und in eine richtige Schule hätte er auch nie gehen können. Er ging in eine Kindertagesstätte für geistig Behinderte.

Aber lachen konnte Thomas. Und er freute sich mit jedem, dem er begegnete, wenn er an der Hand seines Vaters oder seiner Mutter langsam durchs Dorf ging.

„Gott hat ihn einschlafen lassen, bevor seine Schmerzen noch schlimmer wurden", sagt sein Vater. „In Göttingen in der Klinik waren viele kranke Kinder. Leukämie, Blutkrebs. Wie Thomas. Er hat alle Untersuchungen über sich ergehen lassen. Er lernte sogar die vielen fremden Namen der Untersuchungen und der Krankheit. Aber dann wurde er schwächer und schwächer. Seine Heilung wurde immer aussichtsloser!"

„Es war richtig, dass wir ihn dann nach Hause genommen haben!", sagt seine Mutter. „Über zwei Monate lang haben wir ihn noch bei uns haben dürfen. Und seine Fröhlichkeit ist zurückgekommen. Nicht mehr so wie vorher, aber er hat wieder lachen können. Und Musik hat er gehört. Das Lied von der dicken Raupe. Dann hat er sich hingestellt und gespielt, wie sich die dicke Raupe in einen Schmetterling verwandelt. ‚Gleich fliege ich!', hat er gesagt und seine Arme weit ausgebreitet."

„Es war richtig, dass Sie ihn wieder nach Hause geholt haben!", sagt Frau Krüger, die Nachbarin. „Was Sie alles für Thomas getan haben!"

„Was Thomas für uns getan hat…", sagt sein Vater leise. „Obwohl er so krank war, hat er uns getröstet, wenn wir traurig waren. ‚Mir geht's gut!', hat er gesagt. ‚Einmal ist die Krankheit zu Ende!' So einer war Thomas!"

Heute haben wir Thomas beerdigt. Das ganze Dorf ist mitgegangen. Und die Erzieher aus der Kindertagesstätte, die er nur kurz besucht hat. Und die Schwestern von der Klinik.

„Ich bin so glücklich, dass so viele Blumen auf seinem Grab sind!", sagt sein Vater. „Thomas hatte Blumen so gern. Deshalb haben wir ihn immer Tommy Tulpe genannt."

„Er hat ein Licht in uns angezündet!", hat der Pfarrer bei der Beerdigung gesagt. „Ein Licht auf unserm Weg."

„Ja, so einer war Thomas!", sagt seine Mutter.

Rolf Krenzer

Fragen

Lieber Gott, ich frag so gern:
Warum ist denn da ein Stern?

Warum können Vögel fliegen?
Warum müssen Kranke liegen?

Warum haben wir oft Streit?
Warum gibt es Dunkelheit?

Warum gibt es Krieg und Zank?
Warum ist mein Freund so krank?

Und warum kitzelt es beim Kitzeln?
Und warum hör ich gerne Witze?

Wo wohnst du eigentlich, lieber Gott,
und warum ist mein Igel tot?

Und lieber Gott, wie siehst du aus?
Und hast du wohl ein schönes Haus?

Ich wollt dich tausend Sachen fragen.
Fährst du mit mir Dreirad und Puppenwagen?

Lieber Gott, ich lad dich ein.
Wir wollen echte Freunde sein.

Elisabeth Zöller

Wo der Himmel ist

Geschichten von der Auferstehung

Gedanken zum Text

Was kommt nach dem Tod? Von jeher hat die Menschen diese Frage beschäftigt. In fast allen Religionen der Welt wird der Tod nicht als endgültiges Ereignis betrachtet, das die menschliche Existenz unwiderruflich auslöscht. Auch für Christen ist der Tod nicht das Ende, sondern der Anfang eines neuen verwandelten Lebens. Wie dieses neue Leben aussieht, darüber gibt es unterschiedliche Vorstellungen. Die theologischen Aussagen dazu sind eng verbunden mit den Weltanschauungen der jeweiligen Epochen. So stellten die Menschen im Mittelalter die biblische Vision von Himmel und Hölle in den Mittelpunkt. Gott war der gerechte Herrscher und Richter, der entschied, wer nach dem Tod in den Himmel oder die Hölle kam.

Heute sind solche konkreten Vorstellungen nicht mehrheitsfähig. Bibelforscher, Theologen, Repräsentanten der Kirchen und Laien diskutieren das Thema „Was kommt nach dem Tod?" gegensätzlich. Individuelle Gottesbilder, unterschiedliche Jenseitsvorstellungen sind Ausdruck unserer pluralistischen Gesellschaft.

Viele Eltern heute sind deshalb unsicher, welche Glaubensvorstellungen vom Leben nach dem Tod sie ihren Kindern vermitteln sollen. Was bei Gesprächen mit Kindern – nicht nur bei religiösen Fragen – zählt, ist die persönliche Glaubwürdigkeit. Eltern sollten ihrem Kind von Anfang an den eigenen Glauben, ebenfalls den Unglauben, ehrlich mitteilen.

Ein Kind ernst zu nehmen, bedeutet auch, ihm zuzumuten, dass manche Fragen offen bleiben. Es ist langfristig gesehen eine gefährliche Versuchung, seinem Kind bei einem Todesfall aus Mitleid fantastische Geschichten von einem paradiesischen Leben „im Himmel" über den Wolken zu erzählen. Spätestens wenn es bei einem Flug in die Ferien die verstorbene Oma vergeblich „im Himmel" sucht, fühlt das Kind sich getäuscht. Werden die Erklärungen der Erwachsenen aber als „Kindermärchen" durchschaut, gerät das ganze religiöse Gebäude ins Wanken.

Der Himmel Gottes ist eben nicht der Himmel der Piloten und Astronauten.

Für den Glaubenden ist es kein geografischer Ort, sondern ein Zustand der Gottesnähe, der auf Erden überall dort erreicht wird, wo Menschen gerecht, friedlich und in Liebe miteinander leben. Theologisch sinnvoll ist es, davon zu sprechen, dass der Verstorbene jetzt bei Gott wohnt. Es gibt eine Wirklichkeit, die größer ist als unsere erfahrbare Welt: die Wirklichkeit Gottes. Diese Aussagen wirklich zu verstehen, ist für Erwachsene genauso schwierig wie für Kinder.

Wichtig ist, mit Kindern offen über Leben und Tod zu reden, ihnen keine fertigen Glaubensbilder zu vermitteln, sondern mit ihnen die Basis für ein religiöses Denken zu schaffen, das sie später ausbauen und entwickeln können.

In diesem Sinn sollte auch mit den überlieferten Geschichten zur Auferstehung umgegangen werden, denn was Auferstehung bedeuten kann, dafür gibt es keine unfehlbaren Antworten. Die vier Evangelisten erzählen ganz unterschiedliche Geschichten von den nachösterlichen Begegnungen der Jüngerinnen und Jünger mit Jesus. Keine dieser Geschichten kann die Auferstehung Jesu im Sinne einer Tatsache beweisen. Aber alle bestätigen: Die Menschen, die mit Jesus zusammen gewesen waren, spürten deutlich, dass er lebendig bei ihnen war und blieb.

Die ausgewählten Geschichten dieses Kapitels wollen noch eine andere Dimension von „Auferstehung" deutlich machen: Auferstehung geschieht auch heute in unserem Alltag. Überall, wo Abgestorbenes wieder lebendig wird, wo nach einer Trennung wieder ein neuer Anfang gewagt wird, wo Angst weicht und neue Hoffnung, neuer Mut die Menschen erfasst – überall dort vollzieht sich Auferstehung – hier und jetzt.

Worüber wir staunen

Dass die Welt hinter den Bergen
nicht zu Ende ist,
dass, was dir im Spiegel begegnet,
du selber bist.
Dass die Erde rund ist und sich dreht,
und dass der Mond,
auch wenn es regnet, am Himmel steht.
Dass die Sonne,
die jetzt bei uns sinkt,
andern Kindern
Guten Morgen winkt.

Max Bolliger

Tino sucht den lieben Gott

Tino liest ein Buch. In dem Buch steht: Gott ist überall.

Tino legt das Buch weg und zieht seine Schuhe an.

Tina fragt: „Wohin gehst du, Tino?"

„Ich gehe den lieben Gott suchen", sagt Tino.

„Oh", sagt Tina. „Den lieben Gott kann man doch nicht sehen."

„Ich werde überall schauen", sagt Tino. Er läuft in den Garten hinaus. Hier blühen Stiefmütterchen in einem runden Beet.

Tino steht ganz still und schaut. Die Stiefmütterchen haben kleine, freundliche Gesichter. Keines gleicht dem anderen, jedes ist schön.

Tino schaut und wartet, aber er sieht nur Stiefmütterchen.

„Ich werde anderswo weitersuchen", sagt Tino.

Da rührt sich etwas im Blumenbeet. Es huscht heimlich hin und her. Tino beugt sich vor. Eine kleine Maus schaut zwischen den Stiefmütterchen hervor. Ihr Schnurrbart zittert, ihr braunes Fell schimmert wie Seide. Tino freut sich.

Die Maus verschwindet im Gras. An den zarten Graswellen kann Tino erkennen, wohin die Maus rennt. Er rennt ihr nach.

Die Maus huscht zwischen den Zaunlatten in den Nachbargarten. Tino findet eine große Lücke im Zaun und kriecht durch.

Der Nachbar schneidet Holz. Mit der einen Hand hält er die Säge. Aber die Säge ist für zwei gemacht, nicht für einen.

„Ich hätte schon immer gern gesägt", sagt Tino. „Darf ich mitsägen?"

Später geht Tino nach Hause. Er ist müde und zufrieden.

„Na?", fragt Tina. „Hast du den lieben Gott gefunden?"

„Ich weiß nicht", sagt Tino. „Aber morgen gehe ich ihn wieder suchen."

Lene Mayer-Skumanz

Tod

un war Mutti schon drei Tage tot. Heute Morgen hatten sie sie beerdigt. Frank lag im Bett und starrte stumm an die Decke. Bei jedem Geräusch zuckte er zusammen und wandte sich voller Hoffnung zur Tür. War das vielleicht doch Mutti, die dort hereinkommen wollte, wie sonst um diese Zeit? Oder klapperte sie vielleicht doch in der Küche?

Es konnte einfach nicht sein, dass sie nicht mehr da war. Es waren doch schon so viele Autos zusammengefahren und es war nichts weiter passiert. Nein, Frank war sich ganz sicher: In ein paar Tagen würde Mutti wieder zu Hause sein. Seine Mutti und tot, das gab es gar nicht.

„Du schläfst ja noch nicht." Lautlos war Vater ins Zimmer getreten. Frank fuhr zusammen. „Ich kann nicht", antwortete er. „Ich kann einfach nicht."

Vater setzte sich ans Bett und strich ihm über das Haar. „Du denkst zu viel nach, Junge. Versuch einzuschlafen. Wir können es nicht ändern."

„Kommt Mutti wirklich nicht wieder?"

„Nein, nie. Du hast doch gesehen, wie wir sie begraben mussten."

„Vielleicht war Mutti gar nicht da drin?"

„Im Sarg? Doch." Vater seufzte und strich sich müde über die Augen. „Frank, wir müssen jetzt tapfer sein, du und ich. Schlaf jetzt. Es ist das Beste."

Er knipste das Licht aus und schloss leise die Tür hinter sich.

Nun hatte es Frank noch einmal gehört: Seine Mutti würde nicht wiederkommen. Und trotzdem konnte er es nicht glauben. Das ging nicht. Das ging einfach nicht!

Plötzlich setzte sich Frank kerzengerade auf. In der Religionsstunde hatten sie doch neulich davon gesprochen! Hatte Herr Müller da nicht gesagt, dass die Toten wieder lebendig werden? Ja, Frank erinnerte sich genau: Die Toten werden auferstehen. Das hatte er gesagt. Und Jesus, Jesus war doch auch auferstanden! Frank sprang aus dem Bett und rannte auf bloßen Füßen hinaus zu Vater.

„Vati, die Toten werden doch wieder lebendig!", rief er, zitternd vor Hoffnung.

Vater antwortete nicht.

Frank fragte hastig: „Das stimmt doch, Vati, nicht? Bitte, sag, dass es stimmt!"

Vater nahm Frank in den Arm und antwortete leise: „Ich glaube, dass es stimmt. Ich versuche, es zu glauben."

„Weißt du es denn nicht?"

„Nein, Frank, ich weiß es nicht. Ich glaube es, hoffe es. Vielleicht kannst du es auch glauben."

Gisela Schütz

Wo ist der Himmel?

Heute hatte Anke mit ihrem Großvater eine lange Wanderung gemacht. Schon ganz früh, als es noch ein bisschen kalt war, waren sie losgegangen, um nach den Rindern zu sehen, die Großvater im Frühjahr ganz weit hinter den Wäldern, dort wo es aussah, als ob der Himmel auf die Erde reichte, auf die Weide gebracht hatte.

„Man muss öfter mal nach ihnen sehen", hatte Großvater gesagt, „ob ihnen nichts passiert ist und sie noch alle zusammen sind."

Nun, da es Mittag geworden war und die Sonne hoch am Himmel stand, war Großvater müde von der langen Wanderung, und Ankes Beine taten auch weh.

„Komm, mein Kind, wir ruhen uns ein bisschen aus", sagte Großvater, „bis nach Haus sind es noch zwei Stunden und es ist heiß jetzt in der Mittagssonne."

Sie legten sich an einen Wiesenrand ins hohe Gras und streckten die müden Beine von sich. Keiner sagte was. Großvater hatte die Augen geschlossen und kaute auf einem Grashalm, und Anke sah zu den wandernden weißen Wolken hinauf, die unter dem tiefen Blau des Himmels langsam dahinzogen.

„Opa, siehst du den Schwan da oben?", sagte sie nach einer Weile. „Guck, jetzt wird der Hals immer länger. Nun macht er den Schnabel auf. Jetzt wird der Hals ganz dick. Da, er bekommt vier Beine. Wie ein Bär sieht er jetzt aus. Guck, die Ohren. Siehst du die Ohren? Das eine Auge wird immer größer. Nun reißt der Kopf ab. – Schade, jetzt ist es kein Bär mehr. Oh, nun wird es ein Mann, ein alter Mann. Der Bart ist ganz lang."

Opa nickte und kaute auf dem Grashalm.

„Richtig, das stimmt", sagte er und Anke freute sich, dass Opa es auch sah.

„Da oben wohnt der liebe Gott", sagte Anke.

„Mag sein", sagte Opa.

„Und Engel sind da auch, nur sieht man die nicht."

„Ich glaube das auch", sagte Opa wieder.

„Ist das Blaue der Himmel?", wollte Anke wissen.

„Viel weiter."

„Aber die Sterne kann man sehen, wenn es dunkel ist, die gehören auch zum Himmel und der Mond auch."

„Ja, die gehören auch zum Himmel", sagte Opa.

„Komisch", sagte Anke, „die Sterne kann man sehen und die Engel kann man nicht sehen."

„Ja, komisch", sagte Opa, „manches vom Himmel kann man sehen und manches nicht. Darüber habe ich auch oft nachgedacht, als ich so klein war wie du."

„Es gibt einen Himmel, den man sehen kann, und einen, den man nicht sehen kann", sagte Anke und war ganz stolz, dass sie dies plötzlich wusste.

„So ist es", sagte Großvater, „und dann gibt es noch einen, den kann man fühlen."

Eine Weile sagte Anke nichts. Sicher dachte sie über das nach, was Großvater eben gesagt hatte. Einen Himmel, den man fühlen kann? Darunter konnte sie sich nichts vorstellen. Großvater merkte das und fing wieder an zu erzählen.

„Dann denkt man, der Himmel ist im Herzen. Das ist, wenn man sich ganz riesig über etwas freut. Als ich noch klein war, so alt wie du, da hatte ich mich da hinten im Wald mal verlaufen. Es wurde schon Abend und ich fand den richtigen Weg nicht mehr. Ich lief hin und her, weinte und rief und hatte große Angst. Und auf einmal stand da neben einer dicken Tanne mein Vater. ,Junge', rief er, ,da bist du ja, endlich habe ich dich gefunden!' Er hielt mir seine großen Hände entgegen und nahm mich auf den

Arm. Und in dem Augenblick war ich so glücklich, dass ich es nicht beschreiben kann. Das war für mich ein Stück Himmel auf Erden."

Anke hatte ganz genau zugehört. Sie hörte Großvater immer gern zu, weil er sich so viel Zeit nahm, ihr alle Fragen zu beantworten.

„Weißt du noch eine Geschichte vom Himmel?", fragte sie.

„Noch viele", sagte Großvater.

„Erzähl mir noch eine!"

„Na gut. Es war ein armer Mann, der arbeitete auf dem Feld eines Reichen. Er musste das, damit er von dem Geld, das er verdiente, für seine Frau und seine Kinder etwas zum Leben kaufen konnte. Manchmal reichte es und manchmal nicht, dann blieben alle hungrig. Und eines Tages stieß dieser Mann beim Graben auf eine kleine Kiste, öffnete sie und entdeckte darin einen ganz reichen Schatz aus Gold, Silber und Edelsteinen. Schnell machte er das Loch wieder zu und lief zu dem Reichen, dem der Acker gehörte. ‚Verkauf mir den Acker, auf dem ich heute gearbeitet habe', bat er den Reichen. ‚Den kannst du gar nicht bezahlen', lachte der. ‚Oder hast du etwa 200 Taler?' Der Mann lief nach Hause, verkaufte alles, was er hatte: sein kleines Haus, seine Ziege, seine Kuh, den Wagen, seine Ackergeräte, alles, was er fand. Und er bekam die 200 Taler zusammen, ging zum Reichen und kaufte den Acker. Und dann? Ja, was wird er dann gemacht haben?"

„Den Schatz ausgraben", rief Anke.

„Richtig. Er lief zum Acker, grub und grub, bis er die Kiste in den Händen hielt, öffnete sie und sah, dass er nun so reich war, dass er, seine Frau und seine Kinder nie mehr zu hungern brauchten. Da jubelte sein Herz in ihm. ‚Wir haben den Himmel auf Erden!', mag er gerufen haben und seine Frau und seine Kinder haben mit ihm gejubelt: ‚Den Himmel auf Erden haben wir, den Himmel auf Erden!'

Und vielleicht haben sie auch Gott gedankt für das große Glück, das er ihnen geschenkt hatte."

„Kanntest du den Mann?", wollte Anke wissen.

„Nein, er lebte vor 2000 Jahren", sagte Großvater. „Jesus hat die Geschichte von ihm erzählt und die Menschen haben ihm damals genauso zugehört wie du mir heute. Sie wollten damals auch schon wissen, wie das mit dem Himmel ist, genau wie du. Und nun wussten sie es. Und du? Weißt du es auch?"

Anke dachte nach. „Der Himmel ist, wo die Sterne sind", sagte sie, „und der Himmel ist, wo die Engel sind, und der Himmel ist, wenn man sich ganz riesig freut."

„Richtig", sagte Großvater, „du hast gut zugehört, aber jetzt müssen wir wieder weiter wandern, damit wir zum Abendbrot zu Hause sind."

Hans Heinrich Strube

Die Katze im Himmel

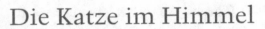

Marions Katze ist gestorben.
Marion weint, wir möchten sie trösten.
Großvater, kommen Katzen auch in den Himmel?

Der Großvater sagt: Das weiß ich nicht.
Vielleicht steht in der Bibel etwas darüber geschrieben...
Er blättert und seufzt und sucht.
Auf einmal ruft er: Hier steht es, Kinder!
So dürfen wir uns den Himmel denken:
Wie eine schimmernde Stadt, hell wie ein Edelstein,
groß über jedes Maß.
Sie braucht keinen Mond, keine Sonne,
sie braucht auch kein Lampenlicht.
Denn Gottes Glanz erleuchtet die Stadt.
Klar wie Kristall fließt dort der Lebensstrom,
Bäume des Lebens wachsen auf beiden Seiten,
sie tragen das ganze Jahr Frucht.
Wer dorthin kommt, in die große Herrlichkeit,
dem wird Gott selber die Tränen sanft von den Augen wischen...

Ja, Großvater, aber die Katze!
Was steht über Katzen geschrieben?

Der Großvater sagt mit fester Stimme:
Kein Wort darüber, dass Katzen verboten sind!
Keine Zeile, dass in der leuchtenden Stadt
kein Platz ist für Katzen!

Gut, dann wissen wir, wie wir Marion trösten:
Unter den Lebensbäumen am Lebensstrom
geht auch die kleine Katze spazieren.
Früher hat sie sich oft einen Platz an der Sonne gesucht.
In der leuchtenden Stadt streichelt Gott selber
ihr weiches Fell mit wärmendem Glanz.
Behaglich streckt sie sich aus
und schnurrt und schnurrt...

Lene Mayer-Skumanz

Mein Himmel

Mein Himmel ist rosa.
Mein Himmel ist aus Marzipan.
Mein Himmel ist aus Goldpapier mit Löchern zum Durchgucken.
Mein Himmel ist aus Bubble-Gum.
Mein Himmel ist aus warmem Licht.
Mein Himmel hat Sonne, Mond, Lebkuchen und Sterne.
Mein Himmel ist zum Streicheln.
Mein Himmel ist mit Fransen.
Mein Himmel ist aus Schlagsahne – hm.
Mein Himmel ist aus Matsche.
Mein Himmel ist zum Auf-und-davon-fliegen.

Und deiner?

Jürgen Spohn

Im Himmel

as hast du angestellt?", fragt die Mutter, als sie sieht, dass ihre Tochter Susanne zehnmal in ihr Heft schreibt: Ich darf nicht vorlaut sein. Susanne schaut von ihrem Heft auf, legt den Stift aus der Hand und sagt: „Frau Wortel hat uns heute Morgen mitgeteilt, dass unsere Sportlehrerin Frau König in der letzten Nacht gestorben ist. Ich habe gesagt: ‚Nun hat sie es schön.' Da hat Frau Wortel einen roten Kopf bekommen und hat furchtbar geschimpft und mir am Schluss die Strafarbeit aufgegeben."

„Mit Recht!", kommentiert die Mutter. „Wie kommst du nur dazu, so etwas zu sagen, wenn jemand gestorben ist?"

Susanne zieht den Kopf ein, schreibt ihre Sätze sauber auf und steckt dann ihr Heft in den Tornister. Danach legt sie die Filzstifte auf den Tisch und malt eine Wiese, darüber den Himmel mit der Sonne und den Wolken.

„Was", fragt sie, als sie von ihrem Malblock aufschaut, „ist der Himmel?"

„Genau", antwortet die Mutter, „wird dir das keiner sagen können. Wir glauben, dass wir bei Gott sind. Der Mensch ist dann selig."

„Ich kann mir unter ‚selig' nichts vorstellen", meint Susanne.

„Der Mensch hat Ruhe und Frieden, Glück und Geborgenheit", erklärt die Mutter, „fühlt Liebe und Wärme."

„Ist das nicht schön?"

Heribert Haberhausen

Die Geschichte vom schönen neuen Schmetterling

Einmal ist ein Schmetterling aus einem Loch in der Mauer gekrochen, ein ganz neuer Schmetterling. Er hatte wunderschöne bunte Flügel, aber er ist nicht fortgeflogen, er ist auf der Mauer sitzen geblieben. Die anderen Schmetterlinge sind an ihm vorbeigeflogen, der Wind hat sie getragen, und sie haben sich Honig von den Blumen geholt. Aber der neue Schmetterling hatte Angst vor dem Fliegen.

Die Bienen sind um ihn herum gesummt, die Mücken haben um ihn herum getanzt und die dicke Hummel ist über ihm durch die Luft gebrummt. Aber der neue Schmetterling hatte immer noch Angst vor dem Fliegen.

Seine schönen Flügel haben gezittert, er hat die Fühler an seinem Kopf weit ausgestreckt und mit den Beinen hat er sich an der Mauer festgehalten.

Aber da ist der Wind gekommen. Er hat den schönen neuen Schmetterling einfach aufgehoben und hoch in die Luft getragen. Da musste der Schmetterling fliegen, da konnte er auf einmal fliegen und da wollte er nur noch fliegen und fliegen, so herrlich war das!

Ursula Wölfel

Sascha verliebt sich

Anna war ihm sofort aufgefallen mit ihren dünnen Zöpfen, den bunten Kniestrümpfen und den lustigen Sommersprossen auf der Nase. Sie stand am Schultor und fragte jeden, der kam: „In welche Klasse gehst du denn?"

Vier oder fünf Kinder hatten sich schon um Anna versammelt, als Sascha dazu kam.

„Ach, prima, du bist auch in der Fünften", sagte sie zu ihm. „Komm her, wir müssen uns kennen lernen."

„Ich heiße Anna", sagte sie jedem, der ankam, ob er es wissen wollte oder nicht. Dabei wippten ihre Zöpfe und die Augen lachten. Sascha musste sie immer anschauen. So ein lustiges Mädchen, das gefiel ihm. Am schönsten fand er ihre Zöpfe.

So begann der erste Tag auf dem Gymnasium. Alle aus der Klasse kamen aus einer anderen Ecke der Stadt oder aus den Dörfern rundrum. Kaum jemand kannte einen anderen und sie mussten sich „zusammenraufen", was nicht leicht war, aber schließlich gelang. Dafür sorgte Anna. „Eine Klasse muss zusammenhalten", sagte sie. „Sonst hat sie gegen Eltern und Lehrer keine Chance."

Dass Anna aber auch zornig werden konnte, merkte er bald. Dann wippten ihre Zöpfe nicht mehr lustig, sondern sie standen auf Sturm, sodass Anna aussah wie Pippi Langstrumpf. Vieles machte sie wütend: Wenn die Jungen die Mädchen ärgerten, wenn ihr das Frühstücksbrot nicht schmeckte, wenn Susi, die neben ihr saß, nach dem Parfüm ihrer Mutter stank oder ein Lehrer ungerecht war. Anna ließ sich nichts gefallen, rein gar nichts.

Binnen kurzer Zeit hatten alle großen Respekt vor Anna, selbst Jörg, der „Klassenmacho".

„Wenn du noch einmal die Hanna schlägst", drohte sie ihm, „dann schrei ich, bis du taub bist." Einmal hatte es Jörg versucht, dann nie mehr, jedenfalls nicht, wenn Anna in Sichtweite war.

Sascha war kein Macho, eher schüchtern, lang und dünn. Er hatte sich gleich am ersten Tag in Anna verliebt und bemühte sich, ihr zu gefallen. Wenn es Beschwerden zu schreiben gab, bot er seine Hilfe an, er sagte ihr die Vokabeln vor und schob ihr seine Spickzettel zu.

„Meine Sekretärin", sagte Anna zu Sascha. Und er war stolz darauf, auch wenn die anderen Jungen hämisch grinsten. So ging das eine Weile gut. Aber immer häufiger verspürte Sascha den Wunsch, ihre sperrigen Zöpfe zu berühren oder ihr so nahe zu kommen, dass er den Duft ihrer Haut roch. Hundert Sachen fand er, damit er in Annas Nähe sein konnte.

Eines Tages fasste sich Sascha ein Herz. Auf einen hellblauen Notizzettel, aus dem er sorgfältig ein Briefchen faltete, schrieb er: „Ich liebe dich, Sascha." Bei nächster Gelegenheit steckte er ihr das Briefchen ins Heft.

Als Anna den Zettel fand, klopfte Sascha das Herz bis zum Hals. Würde sie nach der Stunde zu ihm kommen? Doch kaum dass er sich einen Nachmittag mit Anna ausmalen konnte, drehte sich das Mädchen wütend um, sodass ihre Zöpfe durch die Luft flogen. Sie streckte ihm die Zunge raus und zischte: „Blöd bist du!" Nun war alles aus. Anna suchte sich einen anderen Schreiber und würdigte Sascha keines Blickes mehr.

Das Schuljahr ging zu Ende, die Sommerferien kamen und danach ein neues Schuljahr. Sascha hoffte, dass Anna nicht mehr sauer wäre und sie ihn wieder als ihren Schreiber aufnähme. Er fieberte dem ersten Schultag entgegen.

Doch es kam anders. Anna kam nicht wieder in die Klasse. Später erfuhr er, dass sie weggezogen war, weg aus der Stadt. Niemand wusste genau, wohin.

Sascha war traurig und wütend auf alle und alles. Auf dem Heimweg stieß er einen Stein vor sich her, der prompt einen Hund traf. Der Hund jaulte und der Besitzer hätte ihn fast mit dem Stock verprügelt, wenn Sascha nicht schneller gewesen wäre. „Blöder Köter!", brummte er, rannte die Treppe zur Wohnung hoch und ließ die Tür laut ins Schloss fallen.

Auf dem Küchentisch lagen die Zeitung und eine bunte Karte. „Grüße aus Berlin", stand auf der Vorderseite. Er drehte die Karte um: „Hi, Sascha, wir wohnen jetzt in Berlin und haben schon zwei Wochen Schule. Die neue Klasse ist langweilig, bei uns war's lustiger. Grüß die anderen und schreib mir mal. Anna"

Sascha sprang durch die Wohnung, drehte das Radio auf volle Lautstärke und übertönte es noch mit einem lauten Tarzanschrei.

Er hörte nicht, als die Mutter heimkam, die entsetzt das Radio abdrehte und fragte: „Ist dir nicht gut?"

„Doch, sehr gut sogar!" Sascha strahlte.

Dietlind Steinhöfel

Pi, Pa, Pu

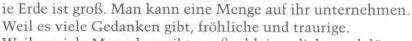

ie Erde ist groß. Man kann eine Menge auf ihr unternehmen.
Weil es viele Gedanken gibt, fröhliche und traurige.
Weil es viele Menschen gibt, große, kleine, dicke und dünne.
Weil es Morgen, Mittag, Abend und Nacht gibt.
Weil es Träume gibt und Meerschweinchen.
Weil es Winter gibt und Katzen und Bäume und Sommer.
Weil es Bücher gibt und Farben und Bälle.
Weil es Freunde gibt, Bonbons und Ferien.
Weil es Frühling gibt und Hunde und Lieder.
Weil es Hoffnung gibt, Luftballons und Sahneeis.
Und dann gibt es natürlich noch viel, viel mehr. Man sollte meinen, dass
das alle Leute wissen. Aber es gibt Leute, die haben es vergessen. Die es-
sen dann vielleicht immer nur eine Wurstsorte. Oder sie sehen jeden
Abend fern. Oder sie reden immer das gleiche Zeug oder so.

Da ist ein Ort, weit von hier oder auch ganz nah, der hat keinen Namen.
„Hier", sagen die Leute. „Bei uns."
Eine schmale Straße führt in den Ort hinein. Es gibt eine Menge Häuser
und auf einem Hügel steht die Knopffabrik.
Und das alles ist grau.
Die Knopffabrik ist grau.
Die Straße ist grau.
Die Häuser sind grau.
Die Menschen sind grau.
Die Gedanken der Menschen sind grau.
Die Knöpfe, die in der Knopffabrik gemacht werden, sind grau. Und alle
Stunden sind grau.

Die Minuten auch.

Wenn sie noch mausgrau wären! Aber nein – sie sind miesgrau.

Die Leute in diesem Ort stehen morgens auf, gehen in die Fabrik und machen Knöpfe. Sonst machen sie nichts. Das heißt, sie essen und schlafen natürlich. Aber das tun sie nur gerade eben so.

Also, die Leute in diesem Ort ohne Namen machen Knöpfe.

Sie fragen nicht.

Sie denken nicht.

Sie wünschen nicht.

Sie lachen nicht.

Sie weinen nicht.

Sie machen nur Knöpfe. Viele, viele graue Knöpfe. Und ihre Kinder sitzen da und warten darauf, dass sie wachsen, damit sie endlich groß genug sind, um auch graue Knöpfe machen zu können.

Nun fragt man sich natürlich, was mit all den vielen grauen Knöpfen geschieht. Wahrscheinlich gibt es anderswo einen Ort, wo lauter graue Leute graue Hosen, graue Röcke und graue Jacken machen. An die nähen sie dann die grauen Knöpfe an.

Und wieder anderswo gibt es Leute, die ziehen die grauen Hosen und Jacken an.

So machen die Leute in dem Ort ohne Namen graue Knöpfe für graue Leute.

„Guten Knopftag", sagt der Herr Pi morgens zu seiner Frau Pa.

Und ihr kleiner Sohn Pu ruft: „Ich wünsche euch viele Knöpfe!"

„Ich habe wunderschön geträumt", sagt Frau Pa, während sie versehentlich statt Zucker einen Knopf in ihren Kaffee wirft.

„Von Knöpfen?", fragt Herr Pi.

„Ja, aber natürlich", sagt Frau Pa. „Wovon sollte ich denn sonst träumen?"

Es ist ein wahres Wunder, dass die Leute statt ihrer Köpfe nicht Knöpfe auf den Hälsen tragen.

Es wird Frühling.
Die Tage wachsen.
Der Himmel ist himmelblau.
Ein Düsenjäger zieht einen weißen Strich.
Die Vögel streiten um die Nester.
Das Gras grünt.
Die Schmetterlinge schweben umher.
Der Wind ist warm.
Die Knospen platzen und werden Blätter.
Die Igel wachen auf.
Und die Blumen sind da. Ganz bunt sind sie.
Aber Pi, Pa, Pu und die anderen Leute merken nichts davon. Einmal hat
Pu Zahnschmerzen.
„Leg einen Knopf drauf", sagt Pi.
Und weil sich niemand über den Frühling freut, geht er schnell vorbei.
Es wird Sommer.
Die Bäume sind schwer von Laub.
Die Hasen haben Junge.
Es regnet und die Erde duftet.
Die Sonne scheint.
Die Blumen sind noch bunter geworden.
Der Wind schläft.
Der Fuchs fängt Mäuse.
Zwischen den Sternen funkelt ein Satellit.
Aber die Leute senken die Köpfe über die Knöpfe und sehen sonst nichts.
Pu wächst. Bald wird er auch Knöpfe machen. Seine Finger können es sich
schon vorstellen.
„Ich habe einen Knopf verschluckt", sagt er eines Tages zu Pa.
Er ist ganz blass.
„Knöpfe sind das gesündeste von der Welt", sagt Pa.

Und weil niemand den Sommer liebt, verglüht er.
Es wird Herbst.
Die Wiesen werden gelb.
Der Rabe krächzt.
Die Blätter fallen in den Wind.
Pilze wachsen im Wald.
Drachen verfangen sich in den Telefonleitungen.
Alle Farben verblassen.
Die Bäume stehen kahl und warten.
Es wird leise.
„Wir müssen mehr Knöpfe machen", sagt Pi.
„Ja", sagen die Leute.
Keiner fragt, warum. Sie nicken nur und sind noch fleißiger als sonst.
Und der Herbst geht weg, denn was soll er hier?
Es wird Winter.
Schnee fällt.
Eisblumen wachsen am Fenster.
Das Fernsehen sendet bunt gegen weiß.
Der Sturm macht den Buhmann und jagt um die Häuser.
Die Vögel haben Hunger.
Unterm Schnee liegen Frühling, Sommer und Herbst versteckt.
Die Tage klirren.
Die Nächte sind groß und sehr still.
„Es war ein gutes Knopfjahr", sagt Pa.
„Ein besseres wird kommen", sagt Pi.
Pu glaubt das auch.
Und wahrscheinlich hätte er Recht behalten, wenn nicht im Frühling
etwas passiert wäre: Ein Fremder kam in den Ort. Wahrscheinlich hatte er
sich verlaufen, aber jedenfalls war er da. Und offenbar gefiel es ihm.
Es war ein junger Bursche.

Er trug rote Hosen.
Trug ein rotes Hemd.
Eine rote Kappe.
Und rote Schuhe.
Er sagte: „Hallo!"
Er blickte sich um.
Nach links.
Nach rechts.
Er lachte.
Er fragte.
Er fragte Pu: „Wo bin ich hier?"
Pu schwieg.
Was ist das für einer?, dachte er.
Zu den Leuten gehörte er nicht. Ein Knopf war er aber auch nicht.
„Warum starrst du mich an?", fragte der Fremde. „Ich bin ein Mensch."
„Ein Mensch", sagte Pu.
„Was macht ihr so?"
„Knöpfe", sagte Pu. „Was denn sonst? Und du?", fragte er.
Zum ersten Mal fragte er was.
„Ich lebe", sagte der Fremde.
Und er griff mit beiden Händen in einen Knopfhaufen und warf die Knöpfe hoch in die Luft.
„Knopfregen!", rief er.
Da musste Pu lachen. Es war das erste Mal, dass er lachte.
„Da ist einer gekommen", sagte er zu den Leuten, „der lacht und wirft Knöpfe in die Luft. Und er sagt, dass er lebt."
„Beim grauen Knopf!", sagten die Leute. „Das kann nicht richtig sein."
Der Fremde aber holte seine Mundharmonika hervor und spielte.
Klänge wie Sommerwind.
Wie Katzenmiauen.

Wie Bienengesumm.

Wie Worte.

Wie Gedanken.

„Musik!", schrie Pu.

Und das war erstaunlich, denn er hatte ja nie zuvor Musik gehört.

Die Leute hoben die Köpfe. Sie lauschten. Und es war ihnen, als seien ihnen eben jetzt erst Ohren gewachsen.

Als das Lied zu Ende war, machten sie wieder Knöpfe. Graue Knöpfe.

Aber etwas war anders geworden. Sie hatten Musik gehört.

„Ich heiße Kri", sagte der Fremde zu Pu. „Komm mit!"

Er holte bunte Kreide aus der Tasche und malte die Häuser an. Pu half ihm.

Bald waren auch die anderen Kinder da. Zuerst standen sie herum und schauten zu. Dann machten sie alles wie Kri. Nur, dass sie auf die Straße kritzelten.

Da konnten sie leichter ran.

Rote Kreise malten sie.

Blaue Vögel.

Grüne Elefanten.

Lila Autos.

Und orangefarbene Raketen.

Die Leute kommen und stehen stumm.

„Aber das ist ja…", sagt einer.

„Schön", sagt Pu.

Da schweigen sie.

Sie schauen und schauen und es wird ihnen, als seien ihre Augen ganz neu.

„Kommt mit!", ruft Kri. „Wir wollen ein Feuer machen. Es wird Abend."

Er schichtet Holz auf und zündet es an.

„Riecht nur!", ruft Pu.

Und Pi sagt: „Es duftet!"

Sie setzen sich rings um das Feuer.

Kri reicht Pu die Hand.
Pu reicht Pa die Hand.
Pa reicht Pi die Hand.
Und immer so weiter.
Es ist gut, einander zu fühlen.
Später, als niemand hinschaut, wirft Pu blitzschnell ein paar graue Knöpfe ins Feuer.
„Pscht!", sind sie verbrannt.
In der Nacht regnet es. Die Leute hören die Tropfen fallen und lächeln im Traum.
Morgens steht Pu ganz früh auf.
Der Regen hat die bunten Bilder von der Straße gewischt. Da muss Pu weinen.
„Früher habe ich nie geweint", sagt er zu Kri.
Und Kri sagt: „Ja".
Alles wird anders. Die Leute lachen und singen und sie sehen den Frühling. Da bleibt der Frühling lange. So lange bleibt er, bis er endlich Sommer wird.
Die Leute ziehen sich rote Kleider an und tanzen und sehen den Sommer. Da will der Sommer nicht vergehen. So lange bleibt er, bis er endlich Herbst wird.
Die Leute malen ihre Wohnungen bunt. Sie essen Vanillepudding und Heringe. Das sind Kris Lieblingsspeisen.
Und sie sehen den Herbst.
Da mag der Herbst nicht aufhören. So lange bleibt er, bis er endlich Winter wird.
Kri zeigt den Leuten, wie man Schneemänner baut. Und manchmal sitzen die Leute in ihren Zimmern und schauen hinaus und sehen den Winter. Da ist der Winter gern bei ihnen. So lange bleibt er, bis er endlich Frühling wird.

„Nun muss ich fort", sagt Kri da eines Tages.

„Nein!", sagt Pu.

Und die anderen sagen:

„Nein!"

„Nein!"

„Nein!"

„Nein!"

„Du musst uns doch zeigen, wie man lebt", sagt Pu.

„Ihr könnt lachen und weinen", sagt Kri. „Fragen, singen, zuhören und euch an den Händen halten. Jetzt müsst ihr nur noch lernen zu denken. Jeder soll so leben, wie es für ihn richtig ist. Und das muss er selbst herausfinden."

Und Kri geht.

Einfach so.

Mitten am Tag.

Die Leute sitzen da.

Sie tragen rote Kleider.

Sie singen Kris Lieder.

Sie essen Vanillepudding.

Sie malen grüne Elefanten.

Sie sind wie Kri.

Aber ganz langsam wandeln sie sich. Jeder fängt an, er selbst zu werden.

Einer isst Spiegeleier.

Einer trägt blaue Hosen.

Einer spielt Trompete.

Einer legt sich in die Sonne.

Einer erfindet ein Lied.

Einer streichelt seine Katze.

Einer malt karierte Eisenbahnzüge.

Einer sagt Gedichte auf.

Einer trägt gelbe Hemden.
Einer singt in der Badewanne.
Einer schläft mit dem Kopf am Fußende.
Einer trinkt Bier.
Einer trägt lila Schuhe.
Einer geht im Wald spazieren.
Einer trägt geblümte Kleider.
Und Pu macht Seifenblasen.
Den Ort haben die Leute übrigens Kridorf genannt. Aus Dankbarkeit.
So leben sie jetzt, wie Menschen eben leben. Manchmal sind sie fröhlich
und manchmal sind sie traurig. Sie machen auch Knöpfe. Aber nur ein paar
Stunden am Tag. Während der anderen Zeit tun sie viele andere Dinge.
Die Knöpfe, die sie machen, sind aber bunt.
Rot.
Gelb.
Grün.
Blau.
Lila.
Orange.
Und gemustert.

Gina Ruck-Pauquèt

Der alte Griesgram und das Kätzchen

Willi Farms war ein alter Griesgram. Immer mürrisch und schlecht gelaunt. Wenn die Kinder vor seinem Haus spielten, verjagte er sie regelmäßig. „Verschwindet, macht woanders Krach!", rief er und drohte mit seinem Stock. Mit niemandem aus der Straße war er befreundet. Dabei fühlte er sich sehr allein und beneidete alle, die eine richtige Familie hatten, auch wenn sie klitzeklein war. Es war wie verhext: Weil er neidisch war, wurde er immer unfreundlicher. Und je unfreundlicher er Menschen und Tieren begegnete, umso einsamer wurde er.

Nur mit Gott sprach er immer mal ein Wort. „Hast wohl den alten Willi ganz vergessen, Herr? Sind andere Leute genug da. Nicht wahr? Warum denkst du nicht mal an mich?"

Als Willi Farms eines Tages auf seiner Gartenbank saß, die Abendsonne ihn wärmte und er wieder Gott sein Leid klagte, spürte er plötzlich etwas Warmes, Weiches an seinem Bein. Er schaute nach unten: Da saß eine kleine Katze und schmiegte sich an ihn.

„Verschwinde, du Vieh!", sagte Willi. Doch die kleine Katze kannte den mürrischen Mann nicht und wusste gar nicht, was das bedeutete. „Miau", antwortete sie und sah ihn mit großen Augen an.

„Na, bist wohl auch allein?" Willis Frage klang schon freundlicher.

„Miau", gab das Kätzchen zur Antwort und rieb sein Köpfchen erneut an Willis Bein. Es lief ihm hinterher, als er ins Haus ging, und blieb die ganze Nacht.

Als Willi am Morgen aufstand, sprang es fröhlich um ihn herum. Der alte Mann lächelte – vielleicht das erste Mal seit vielen Jahren.

Das Kätzchen hatte Hunger, aber Willi kannte sich nicht aus mit Tieren. Wen konnte er wohl fragen?

„Nun, wenn du mir so ein kleines Tier schickst, Herr, dann hilf mir auch weiter", brummelte Willi, nahm die Katze auf den Arm und ging zum Gartentor.

Als er eine Weile so stand und die Straße auf und ab blickte, kam die kleine Ina aus der Nachbarschaft auf ihrem Schulweg vorüber. Erstaunt sah sie, dass der alte Mann eine Katze auf dem Arm hielt und streichelte. Ina blieb stehen. Willi Farms gab ihr einen Wink, doch näher zu kommen. Das Mädchen war misstrauisch. Würde er mit ihr schimpfen? Sie hatte ihn doch gar nicht geärgert. Und was war mit der Katze? Der Herr Farms mochte doch keine Tiere. Was war los?

„Komm schon!", sagte Willi jetzt. „Ich will dich was fragen."

Ina trat an den Zaun. „Weißt du, was Katzen so fressen?", fragte der Mann.

„Mäuse", sagte Ina, „oder Futter aus der Dose."

Willi Farms griff in seine linke Hosentasche, kramte ein Fünfmarkstück hervor und drückte es dem Mädchen in die Hand. „Bring mir Katzenfutter mit, wenn du aus der Schule kommst."

Ina nickte und rannte davon. Am Nachmittag kam Ina nicht allein. Fast alle Kinder der Straße liefen zu Willi Farms Haus. Ina trug zwei Dosen Katzenfutter.

„Ich habe einen Futternapf mitgebracht", sagte Martin, der größte Lausejunge der Straße. Er hatte dem alten Farms schon manchen Streich gespielt.

„Hm, hm." Willi nickte und füllte den Napf mit Futter. Das kleine Kätzchen fing sofort an zu fressen.

Die Kinder blieben noch eine Weile, erzählten, was sie alles über Tierpflege wussten. Als die Abendglocken läuteten, gingen sie nach Hause.

Die kleine Ina, die mit ihrer Mutter allein lebte, kam nun fast jeden Tag, um mit der Katze zu spielen. „Unser Hauswirt erlaubt keine Tiere", sagte sie. Willi hatte nichts dagegen.

Manchmal redeten sie lange miteinander.

Eines Tages kam Ina mit einem Päckchen: „Opa Willi, die Mama hat Kuchen mitgeschickt." Der alte Mann sah das Mädchen groß an. ‚Opa' hatte sie ihn genannt. Hatte er jetzt ein Enkelkind? Laut sagte er: „Na, dann hol' mal deine Mutter rüber! Ich koche derweil Kaffee."
Ina flitzte über die Straße. Die kleine Katze schnurrte und räkelte sich in der Sonne.

Dietlind Steinhöfel

Wunder der Wüste

N och fünf Kilometer", sagt Abdullah und es klingt wie eine Erlösung, „noch fünf Kilometer und wir erreichen ein Haus, in dem wir nächtigen werden." Seit Stunden fährt unser Jeep durch die Wüste, die Zone des Todes, wie die Menschen sie hier nennen. Die Sonne hat alles ausgetrocknet mit ihren todbringenden Strahlen.

Jemand, der bei dreißig Grad stöhnt, selbst wenn er im kühlen Schatten eines Apfelbaumes sitzt und seine Füße im Wassereimer kühlt, kann sich die Sonne der Wüste nicht vorstellen. Hier, wo kein Baum, kein Strauch, kein Felsen Schatten spendet, wird die Sonne, Ursprung des Lebens, zum Gevatter Tod. Kein Leben weit und breit, nur Sand und Steine. Am Horizont die Spiegelungen, die Wasserstellen vortäuschen. Stumm hocken wir auf den Sitzen, die Kleider kleben am Körper, die Zunge ist geschwollen. Um uns Land des Todes!

„Heute Nacht wird es regnen", sagt Abdullah. Wir glauben ihm, obwohl keine Wolke am Himmel zu sehen ist. Keiner fragt. Was Abdullah sagt, geschieht.

So erreichen wir auch das Haus, das Abdullah ankündigte. Es ist verfallen. „Warum", denke ich, „wurde es je gebaut, wurde es hier erbaut mitten in der Wüste? Hier, wo alles Leben erloschen ist, wo nur der Tod regiert."

In der Nacht prasselt der Regen auf das Dach. Was wir in der Morgensonne sehen, wird keiner glauben, der das nie erlebt hat. Begreifen können wir es nicht. Dort, wo nur Sand und Steine lagen, kein Pflänzchen sich zeigte, blühen Blumen, bunte Blumen, farbenprächtige Gewächse. Das Leben hat den Tod überwunden.

Herbert Haberhausen

Entwurf für ein Osterlied

Die Erde ist schön, und es lebt sich
leicht im Tal der Hoffnung.
Gebete werden erhört. Gott wohnt
nah hinterm Zaun.

Die Zeitung weiß keine Zeile vom
Turmbau. Das Messer
findet den Mörder nicht. Er
lacht mit Abel.

Das Gras ist unverwelklicher
grün als der Lorbeer. Im
Rohr der Rakete
nisten die Tauben.

Nicht irr surrt die Fliege an
tödlicher Scheibe. Alle
Wege sind offen. Im Atlas
fehlen die Grenzen.

Das Wort ist verstehbar. Wer
Ja sagt, meint Ja, und
Ich liebe bedeutet: jetzt und
für ewig.

Der Zorn brennt langsam. Die
Hand des Armen ist nie ohne
Brot. Geschosse werden im Flug
gestoppt.

Der Engel steht abends am Tor. Er
hat gebräuchliche Namen und
sagt, wenn ich sterbe:
Steh auf.

Rudolf Otto Wiemer

Was damals geschah

Geschichten aus der Bibel

Gedanken zum Text

Die Oster- und Passionsgeschichte, wie sie in der Bibel steht, scheint für Kinder auf den ersten Blick ungeeignet. Zu dramatisch und brutal wirkt der Leidensweg und die Kreuzigung. Auch die Auferstehung bleibt schwer erklärbar. Doch handelt es sich bei diesen Schriften um die wichtigsten Überlieferungen, ohne die das Christentum nicht entstanden wäre.

Der Auferstehungsglaube der Urgemeinde ist der Grundstein der neutestamentlichen Verkündigung. Der Paulusbrief an die Korinther und die vier Evangelisten berichten über Passion und Auferstehung Jesu. Es gibt Übereinstimmungen und viele Widersprüche.
Jeder Erzähler gestaltet den Osterbericht nach seiner eigenen theologischen Auffassung. So sind die biblischen Osterzeugnisse nicht selbst Wirklichkeit, sondern weisen auf eine höhere Wirklichkeit hin. Es handelt sich keinesfalls um historische Berichte, eher sollten sie als Glaubenszeugnisse eingestuft werden. Bei allen Unstimmigkeiten gibt es eine gemeinsame Aussage: Jesus lebt, durch und mit Gott. Diese Botschaft macht Ostern zum zentralen Fest der Christenheit.

Die Autorin dieses Kapitels hat die Herausforderung angenommen, auf der Grundlage der biblischen Zeugnisse eine für Kinder verständliche und theologisch reflektierte Nacherzählung der Ostergeschichte zu gestalten. Mit Hilfe einer Rahmengeschichte lassen sich die Perspektiven und Fragen der Kinder einbeziehen. Die Unterteilung in Erzählabschnitte schafft Denkpausen, und Hintergrundinformationen dienen dem Verständnis. Dennoch verschont die Erzählung die Kinder nicht vor der biblischen Wahrheit. Erklärungsversuche verstehen sich nicht als dogmatische Theologie, sondern geben subjektive Denkanstöße. Auch Kinder sollten schon wissen, dass es den Autoren der biblischen Texte um eine innere Wahrheit und nicht um einen historischen Bericht geht.

Vielleicht ist es ein Wagnis, Kindern die Ostergeschichte zuzumuten. Vielleicht aber empfinden nur die Erwachsenen die Vorbehalte und Ängste, denn Kinder sind in unserer Medienwelt täglich mit brutalen Ereignissen konfrontiert, ohne dass wir sie grundsätzlich davor bewahren können. Die Autorin jedenfalls hat beim Vorlesen mit Kindern gute Erfahrungen gemacht.

Wenn Erwachsene Kindern die Ostergeschichte vorlesen, müssen sie sich den schwierigen Themen von Leid und Tod direkt stellen. Doch geben sie damit Fragen einen Raum, die Kinder sowieso bewegen. Sie fördern die Sensibilität für Unrecht und Schuld. Und sie schenken ihnen die Hoffnung, die seit 2000 Jahren Anlass des Osterfestes ist.

Die Ostergeschichte ist in Abschnitte gegliedert, die den Feiertagen der Karwoche entsprechen. Beginnend mit dem Palmsonntag kann man die Vorosterzeit mit dem gemeinsamen Lesen der biblischen Nacherzählung nachvollziehen und so Kindern ein neues Bewusstsein für das Ostergeschehen vermitteln.

Die Geschichte des Malers

Laura presst ihre Nase gegen die kalte Fensterscheibe. Dicke Schneeflocken tanzen vor ihren Augen und sie muss sich anstrengen, um etwas zu erkennen. Sie wartet auf den Möbelwagen mit dem neuen Mieter. Er soll ein Kunstmaler sein.

„Nun sei nicht so neugierig!", ruft die Mutter aus der Küche. „Du wirst ihn schon noch früh genug sehen."

Aber das Mädchen bleibt am Fenster stehen. Wie mag jemand aussehen, der den ganzen Tag Bilder malt?

Jetzt erkennt Laura die Lichter eines Lasters, der sich dem Haus nähert. Der dicke Schneeteppich dämpft die Geräusche. Der Wagen hält und ein Mann im grauen Wollpullover steigt aus. Sein Gesicht ist hinter einem dichten Bart versteckt. Ein zweiter Mann geht hinter das Fahrzeug und kommt mit einem Karton wieder hervor. Welcher von den beiden mag der Maler sein? Der mit dem Bart? Das würde passen, überlegt Laura.

Ein kleiner PKW hält hinter dem Möbelauto.

„Das ist er", sagt die Mutter, die plötzlich hinter Laura steht. Der Maler ist groß und schlank. Dunkle Locken verdecken seine Stirn und die Ohren. Er sieht eigentlich ganz normal aus, denkt Laura enttäuscht.

Als sie den Maler bald darauf zum ersten Mal an der Haustür trifft, grüßt er freundlich: „Guten Tag, Laura!"

Zögernd antwortet sie mit einem „'n Tag!" und wundert sich, woher der fremde Mann ihren Namen weiß.

„Willst du einen Schneemann bauen?", fragt er.

Laura nickt: „Hilfst du mir?"

„Ja, gern. Ich habe lange keinen Schneemann mehr gebaut." Laura rollt eine kleine Schneekugel, der Maler eine große. Als der Kopf sitzt, schaut Laura den Maler an und fragt:„Was malst du denn für Bilder?"

„Interessiert dich das? Wenn deine Eltern es erlauben, kannst du gern mal kommen, wenn mein Atelier eingerichtet ist", antwortet er.

Es dauert nicht lange, da hat sich Laura mit dem Maler angefreundet. Sie sitzt oft bei ihm unterm Dach in dem Zimmer, das er „Atelier" nennt. Es hat ein riesengroßes Fenster und man kann über die Dächer der Stadt bis zum Park schauen. Sie reden über viele Dinge, von denen ihre Eltern immer meinen, dass sie das noch nicht verstünde. Der Maler findet, dass Laura schon eine Menge versteht.

In den Osterferien, so verabredet er es mit den Eltern, darf Laura ihm beim Malen zuschauen.

„Ich habe einen großen Auftrag bekommen. Jetzt mache ich noch Skizzen, aber bald kann ich mit dem Bild beginnen", sagt er.

Laura freut sich schon darauf. Viel zu langsam vergehen die letzten Schulwochen. Doch endlich sind die Ferien da.

Gleich am ersten Tag saust Laura nach dem Frühstück die Treppen hoch. Der Maler öffnet verschlafen die Tür. Er lächelt und sagt: „Du stehst ja mit den Hühnern auf. Ich muss erst noch meinen Kaffee trinken. Komm so lange in die Küche."

Laura plaudert gleich, aber der Maler antwortet nicht wie sonst auf ihre Fragen. Als er seinen großen Pott Milchkaffee ausgetrunken hat, sagt er: „So, jetzt bin ich munter. Komm!"

Sie gehen ins Atelier. Auf der Staffelei steht das angefangene Gemälde. Laura geht näher und ruft: „Das ist aber ein schreckliches Bild!"

Im Vordergrund steht ein halbnackter Mann. Ein anderer schlägt ihn.

„Du hast Recht", antwortet der Maler. „Es ist schrecklich, was damals geschehen ist."

„Das gefällt mir nicht, wenn du so etwas malst", sagt Laura. „Es ist gemein. Der Mann kann sich ja gar nicht wehren. Schau, du hast ihm die Hände zusammengebunden mit deinen Malfarben."

Der Maler schaut das Mädchen an. „Kennst du die Geschichte? Sie steht in der Bibel."

Laura schüttelt den Kopf und bittet: „Erzählst du sie mir?"

Sie macht es sich in dem alten Korbsessel bequem.

Und während der Maler Strich für Strich an dem Bild weiterarbeitet, erzählt er: „Die Geschichte ist etwa zweitausend Jahre her. Der Gefangene heißt Jesus. Er kommt aus Nazaret in Galiläa. In der Bibel wird erzählt, dass er Kranke heilte, Hungernden Brot gab, Menschen tröstete und ihnen von Gott erzählte."

„Von Jesus hat meine Oma auch mal erzählt", sagt Laura. „Das war ein sehr guter Mensch."

„Ja, so kann man es auch sagen. Für manche ist er ein sehr guter Mensch, für andere ein großer Rabbi – das ist ein jüdischer Gelehrter. Wieder für andere ist er der Messias und Gottes Sohn oder ein Prophet."

„Was ist ein Prophet?", fragt das Mädchen.

„Das ist ein Beauftragter Gottes. Er ist sozusagen die Stimme Gottes in der Welt."

Laura macht ein nachdenkliches Gesicht. „Und was denkst du über Jesus?"

„Für mich ist er alles zusammen", sagt der Maler und wendet sich wieder dem Bild zu. „Die Männer hier auf meinem Bild sind römische Soldaten", erklärt er. „Der Kaiser in Rom hatte zu jener Zeit die Länder rund um das Mittelmeer mit seinen Soldaten erobert und besetzt. Zu diesen Ländern gehörte auch Palästina, das Land, in dem die Juden lebten. Jesus war auch Jude. Er hatte sich einige Jüngerinnen und Jünger gesucht, also Frauen und Männer, die ihn begleiteten und seiner Lehre folgten. Mit ihnen zog er durch Palästina, predigte und heilte Kranke.

Die Menschen in Palästina mussten hohe Steuern an den Kaiser in Rom zahlen. Alle Juden hofften deshalb auf den Messias, den Retter – oder auf Griechisch: Christus. Es stand in ihren heiligen Schriftrollen, dass er wie ein König kommen und sie befreien würde. Als die Menschen nun erlebten, welche Wunder Jesus vollbrachte, sagten viele: Das ist der Messias! Es gab aber auch Gelehrte unter den Juden, die Jesus nicht gern sahen, weil er manches anders sagte und tat als sie. Vielleicht waren sie auch neidisch auf seine vielen Anhänger."

„Was für Gelehrte?", will Laura wissen.

„Das waren Männer, die die heiligen Schriften studierten und sie den Menschen erklärten. Sie erforschten Gottes Gebote und leiteten daraus bestimmte Vorschriften ab. Auch Jesus befasste sich mit dem Wort Gottes. Doch Jesus sagte, dass die Schriftgelehrten nicht alles richtig auslegen würden. Denn Gott hätte den Menschen nicht die Gebote gegeben, nur damit es Vorschriften gäbe, sondern damit sie in Frieden und ohne Not miteinander leben könnten. Dafür braucht man Regeln – bis heute."

Laura fragt: „Haben die Gelehrten das eingesehen?"

„Manche sicher", sagt der Maler. „Aber viele von ihnen waren gegen Jesus. Davon will ich dir jetzt erzählen."

Jesus kommt nach Jerusalem

„Es war Frühling. Im Frühling feiern die Juden das Passafest, ein wichtiges Fest, das sie schon seit mehr als dreitausend Jahren begehen. Jesus wollte zu diesem Fest mit seinen Freunden in Jerusalem sein, wo auch der Tempel Gottes stand. Unterwegs predigte Jesus wieder, heilte Kranke und gab Menschen neue Hoffnung. Je näher sie zu der Stadt kamen, desto mehr Volk schloss sich ihnen an.

In der Bibel wird erzählt, dass Jesus wenige Kilometer vor Jerusalem zwei seiner Jünger gebeten habe: ‚Geht in den nächsten Ort. Dort findet ihr eine Eselin mit ihrem Jungen. Die holt mir. Und wenn euch jemand fragt, antwortet: Der Herr braucht sie. Dann werdet ihr sie bekommen.'

Und so geschah es tatsächlich. Als die Jünger mit der Eselin zurückkamen, breiteten sie ihre Mäntel über das Tier. Jesus setzte sich darauf.

Bald waren die Stadtmauern von Jerusalem zu sehen. Die Menschen jubelten, brachen Zweige von den Palmen und breiteten sie auf dem Weg aus wie einen Teppich. Andere legten sogar ihre Kleider auf die Erde. Wie einen mächtigen König geleiteten sie Jesus in die Stadt und riefen: ‚Hosianna dem König Israels! Gelobt sei der, den Gott uns sendet!'

Der Maler setzt den Pinsel ab und schaut durch das große Atelierfenster, als könne er in der Ferne sehen, was damals geschehen ist. Laura beobachtet sein Gesicht: Ja, ganz gewiss sieht er Jesus auf seinem Esel.

„Wenn er wie ein König war, warum ist er dann bloß auf einem Esel und nicht auf einem Pferd geritten?", fragt das Mädchen.

„Das ist eine gute Frage! Ich glaube, dass Jesus ein ganz anderer König sein wollte. Einer für die armen Leute. Und so einer reitet nicht auf einem Pferd wie ein Römer. Der Esel war das Reittier der Armen. Für sie wollte er da sein und nicht von oben auf sie herabschauen."

Ja, das kann Laura verstehen.

Der Maler erzählt weiter: „Als Jesus mit der Menge durch das Stadttor kam, hörten die Einwohner Jerusalems das laute ‚Hosianna!'. Sie gingen neugierig auf die Straße ...“

„Was heißt ‚Hosianna'?", unterbricht Laura.

„Das ist ein Gebetsruf und bedeutet übersetzt: Hilf doch! Es ist praktisch ein Gebet für den König."

Laura nickt. Und der Maler erzählt: „Die Leute in Jerusalem fragten: ‚Wer ist das, den ihr wie einen König bejubelt?'

‚Habt ihr noch nichts von Jesus aus Nazaret gehört, dem großen Propheten aus Galiläa?', antwortete einer der Pilger. ‚Er hat Kranke geheilt und Tote auferweckt.'

Manche schauten ungläubig, andere staunten und wollten noch mehr wissen. Wie ein Lauffeuer verbreitete sich die Kunde in der Stadt ..."

„Laura!", ruft eine Stimme von unten.
„Ach, meine Mutter. Ich muss runter. Erzählst du mir morgen weiter?"
„Ja, komm nur, aber nicht wieder so zeitig."
Laura verabschiedet sich und springt dann die Treppe hinunter. In ihrem Kopf hört sie viele Leute „Hosianna!" rufen.
„Das klingt wie ein Lied", denkt sie.

Jesus geht in den Tempel

Als Laura am nächsten Tag kommt, sind noch mehr Menschen auf dem Bild zu erkennen: Einer, der wegläuft und ein erschrecktes Gesicht macht. Einer der ganz unglücklich zu sein scheint und in einer Ecke sitzt.
„Wer sind diese Männer?", will Laura wissen.
„Das sind zwei von den Jüngern, die mit Jesus durch Palästina gezogen sind: Judas und Petrus. Aber ich will der Reihe nach erzählen."
Der Maler rückt die Staffelei zurecht, nimmt seinen Pinsel und die Farbpalette. Es ist sehr still an diesem Morgen. Nur das Gurren der Tauben auf dem Dach ist zu hören.

„Am folgenden Tag ging Jesus in den Tempel. In dem großen Hof, der zum Tempelgelände gehörte, standen Händler und Geldwechsler an Tischen. Denn um ihre jährliche Tempelsteuer bezahlen zu können, mussten die Juden ihr römisches oder griechisches Geld in Tempelgeld wechseln. Außerdem kauften sie Tauben, um sie Gott zu opfern. Jesus missfiel das Treiben sehr. Einige Händler waren vielleicht nicht ganz ehrlich und verkauften ihre Tauben zu teuer. Außerdem wusste Jesus, dass Gott Gerechtigkeit und Frieden zwischen den Menschen lieber ist als die Tieropfer."

„Die Tiere hat Gott doch auch gemacht", wirft Laura ein. „Da will er bestimmt nicht, dass sie geschlachtet werden."

„Ja, das denke ich auch", antwortet der Maler. „Jedenfalls hatte Jesus genug Grund um wütend zu sein. Er lief zu den Tischen, warf sie um und rief: ‚Kennt ihr denn die heilige Schrift nicht? Mein Haus soll ein Haus des Gebetes sein!‘, sagt Gott. Ihr aber macht es zu einer Räuberhöhle.‘

Das war ein Tumult! Die Händler rafften ihren Kram zusammen und suchten das Weite.

Im Tempel scharten sich viele Menschen um Jesus und lauschten, was er ihnen vom Reich Gottes sagte. Da kamen Blinde, Behinderte und andere Kranke zu ihm. Denn auch sie hatten erfahren, dass Jesus in der Stadt war. Und Jesus heilte sie.

So etwas hatte Jerusalem noch nicht erlebt! Die Frauen, Männer und sogar die Kinder lobten Gott und riefen: ‚Hosianna dem König Israels!‘ Immer mehr kamen um ihm zuzuhören, denn er redete nicht über ihre Köpfe hinweg, sondern erzählte Beispiele aus ihrem Leben. Das verstanden sie. Bald gab es in der Stadt kein anderes Thema mehr als den Rabbi Jesus.

Viele Schriftgelehrte und Priester aber, die sonst im Tempel etwas zu sagen hatten, empörten sich darüber: ‚Erst schmeißt dieser Mann die Händler hinaus, dann führt er sich auf, als wäre er der Einzige, der das Wort Gottes richtig kennt. Er macht sich bei den Leuten durch seine Wunder beliebt und lässt sich zujubeln.‘

‚Er verwirrt das ganze Volk. Wir müssen etwas gegen ihn unternehmen‘, sagten sie.

Jesus aber ging weiter jeden Tag in den Tempel und lehrte."

Laura unterbricht den Maler. „Ich denke, er wollte die Juden von den Römern befreien?"

Der Maler erklärt: „Viele Menschen hofften, dass er es tun würde. Vor allem seine Jünger, die glaubten, dass Gott ihn gesandt habe und er der Messias sei. Doch Jesus wollte nicht gegen die Römer kämpfen. Es ging ihm um sein Volk, die Juden, und um Gottes Reich. Aber das konnten die Leute wohl nicht unterscheiden, weil sie so sehr auf die Befreiung von den Römern warteten. Einer war besonders ungeduldig. Das war der Jünger Judas."

Der Maler zeigt vorsichtig mit dem Pinsel auf den Mann auf seinem Bild, der wegläuft und so ein entsetztes Gesicht macht.

‚Schau, er trägt einen Beutel in der Hand, den er ganz weit von sich weg hält, als wären Schlangen darin. Aber es sind keine Schlangen, sondern Geld."

Er legt seinen Pinsel beiseite. „Wie wäre es mit einem Spaziergang? Die Sonne scheint und ich hätte eine kleine Pause nötig. Unterwegs kann ich weitererzählen."

Judas verrät seinen Freund

Im Park ist es schon warm und die Krokusse blühen. Aber Laura sieht die Blumen gar nicht. Sie drängelt: „Was ist nun mit dem Mann und dem Geldbeutel?"

„Also: Judas", beginnt der Maler. „Über ihn habe ich mir schon viele Gedanken gemacht. Vielleicht habe ich seinetwegen den Auftrag für das Bild angenommen. Weil ich ihn besser verstehen wollte. Ich habe die Geschichte, die über ihn in der Bibel steht, zwar schon oft gelesen und gehört, aber ich konnte den Judas nie verstehen. Wenn du Menschen malen willst, musst du sie verstehen und dich mit ihnen beschäftigen. Ich denke, dass der Jünger Judas ein ganz besonders Ungeduldiger war. Er mag gedacht haben: ‚Jesus vollbringt täglich Wunder. Warum tut er nichts gegen die Falschheit mancher Schriftgelehrten und nichts gegen die Römer, die unser Volk ausbeuten? Er muss dazu gezwungen werden!'

Judas fasste einen Plan. Ganz genial fand er seine Idee. Er wusste, dass manche Priester und Schriftgelehrten Jesus beseitigen wollten. ‚Wenn sie ihn nun gefangen nehmen, werden sie seine Kraft kennen lernen. Er wird sich wehren und uns befreien!', meinte er.

Inzwischen hatte sich der Hohe Rat versammelt, um zu beraten, was sie gegen Jesus unternehmen könnten. Der Hohe Rat bestand aus Priestern, Schriftgelehrten und den Ältesten des Volkes, das sind Vertreter der vornehmsten jüdischen Familien.

‚Wenn wir Jesus den Römern bringen und sagen, er hätte einen Aufstand anzetteln wollen, wird Pilatus keinen langen Prozess mit ihm machen', sagte einer der Priester. Pilatus war der Statthalter des römischen Kaisers in Palästina. Er regierte dort für den Kaiser. Er war ein harter Herrscher und hatte schon manchen aufsässigen Juden ans Kreuz schlagen lassen ...“

„Ans Kreuz?“ Laura verzieht das Gesicht.

Der Maler nickt. „Die Todesstrafe ist etwas Schreckliches. Damals wurden Feinde und Verbrecher nicht selten zum Tode verurteilt. Und die Römer hatten eine besonders grausame Art, die Verurteilten hinzurichten. Das war die Kreuzigung.“

„Das fanden die Priester gut?“, fragt Laura empört.

„Ob sie das gut fanden, weiß ich nicht. Sie wollten jedenfalls Jesus loswerden, weil sie noch Schlimmeres befürchteten.

Auf der Versammlung des Hohen Rates ergriff Kaiphas, der Hohepriester, das Wort: ‚Diesem Jesus rennt so viel Volk nach. Das wird den Römern nicht gefallen. Gewiss werden sie uns das Leben immer schwerer machen und noch mehr Juden hinrichten. Deshalb ist es besser, wenn ein Einziger stirbt, ehe das ganze Volk umkommt.' Das leuchtete den meisten ein. Sie beschlossen, dass Jesus sterben müsse.

‚Bloß – wie kriegen wir ihn zu fassen?', überlegten sie. ‚Am Tage können wir ihn nicht festnehmen. Da ist viel Volk um ihn. Wenn wir nachts unsere Knechte ausschicken, werden sie ihn nicht finden …'

In diesem Moment kam Judas herein. ‚Ich bin einer von Jesu Jüngern', stellte er sich vor, ‚und ich weiß, wo er sich aufhält. Wenn der Zeitpunkt günstig ist, führe ich eure Knechte hin.'

Das war die Lösung!

‚Du bekommst 30 Silberlinge, wenn die Sache glatt geht!', versprach Kaiphas. ‚Es muss nur alles ruhig verlaufen, ohne großes Aufsehen.'"

„Der ist ja richtig gemein, verrät seinen besten Freund!", ruft Laura.

Der Maler sagt: „Auf der einen Seite hast du ja Recht, Laura, aber ich denke, Judas kam es gar nicht in den Sinn, dass die Sache schlecht ausgehen könnte. Konnte Jesus nicht Aussätzige heilen, Menschen wieder zum Leben erwecken? Sollte er nicht auch für sich so ein Wunder vollbringen können?"

„So richtig verstehe ich es trotzdem nicht. Mama sagt immer, man muss die Zeit abwarten. Das hätte Judas auch gemusst."

„Das stimmt!", pflichtet der Maler ihr bei.

Inzwischen sind sie an dem kleinen Teich angekommen. Sie haben Brot mitgenommen und füttern die Enten. Wie sie angesaust kommen und schnattern! Um manchen Bissen gibt es heftigen Streit.

„Ich will deine Eltern für Donnerstagabend zum Essen einladen. Du darfst doch mitkommen?", fragt der Maler.

„Bestimmt!" Laura ist sich ganz sicher.

Das Abendmahl

Die Eltern freuen sich über die Einladung.

„Ich wusste gleich, dass er ein netter Mieter sein wird", sagt der Vater.

Das kann Laura nur bestätigen. Schon am Donnerstagnachmittag zieht ein köstlicher Duft durch das ganze Haus.

Am Abend sieht das Atelier verändert aus. Der kleine Tisch ist festlich gedeckt, Kerzen sind aufgestellt und in der Mitte liegen Blumen.

„Hmm, was ist denn das Leckeres?", fragt der Vater.

„Lammbraten, sozusagen das Passalamm", antwortet der Maler und zu Laura gewandt erklärt er: „Du weißt ja, dass Jesus zum Passafest nach Jerusalem gekommen ist. Dieses Fest beginnt nach altem Brauch mit einem Festmahl. Es wird ein Lamm geschlachtet und Brot ohne Zusatz von Sauerteig gebacken. Darum heißt das Fest auch ‚Tag der ungesäuerten Brote'."

„Was erzählen Sie dem Kind da?", fragt der Vater.

„Die Passionsgeschichte aus der Bibel und was dort über das Leben und Leiden von Jesus aus Nazaret berichtet wird."

„Und das versteht sie?", wundert sich der Vater.

„Ich hoffe doch!", lacht der Maler.

Und Laura bestätigt es sofort. „Klar verstehe ich es. Ich darf außerdem immer dazwischenfragen, nicht wie in der Schule."

Nun mischt sich die Mutter ein: „Mich interessiert das auch. Ob Sie nachher weiter erzählen würden? Bitte!"

Der Maler nickt. „Gern!"

Dann serviert er den Braten. Eine Weile ist nur das Klappern des Bestecks zu hören.

„Ich hätte nie gedacht, dass ein Kunstmaler so gut kochen kann", lobt der Vater.

Der Maler lächelt. „Malen und Kochen sind zwei verwandte Künste. Bei beiden kommt es auf die richtige Zusammensetzung der Einzelheiten an." Er schiebt seinen Teller beiseite und beginnt zu erzählen:

„Der ‚Tag der ungesäuerten Brote' war nun herangekommen und Jesus bat seine Jünger, alles Nötige zu besorgen und das Lamm nach alter Sitte zuzubereiten.

‚Wir wollen noch einmal miteinander essen, denn lange werde ich nicht mehr bei euch sein', sagte er.

Die Jünger sahen sich an. Schon einmal hatte Jesus zu ihnen von Leiden und Sterben gesprochen. Aber niemand konnte das so richtig verstehen. Wie auch? So viele Menschen liebten ihn. Und er tat nur Gutes. Oder hatte er etwas vor, wovon sie nichts wussten?

Als sie am Abend miteinander um den großen Tisch saßen, nahm Jesus das Brot. Er dankte Gott dafür, brach es entzwei und gab jedem ein Stück. ‚Nehmt und esst. Immer, wenn ihr in Zukunft beim Mahl zusammensitzt, sollt ihr an mich denken. Das Brot soll euch an meinen Leib erinnern, der für euch sterben wird.'

Jeder Jünger nahm ein Stück und aß schweigend."

Der Maler macht eine Pause, greift nach einem Stück Baguette, bricht etwas ab und gibt Laura davon, dann den Eltern. Es ist richtig feierlich.

Laura kaut ganz langsam und schaut den Mann erwartungsvoll an. Der hält sein Weinglas in der Hand und schwenkt es leicht. Der rote Wein funkelt im Kerzenlicht.

„Als die Jünger das Brot gegessen hatten, nahm Jesus einen Becher Wein. Er reichte ihn weiter und sprach wieder so seltsam. ‚Das ist mein Blut, das für euch vergossen wird zur Vergebung eurer Schuld.' Die Jünger gaben sich den Weinkelch weiter und sahen sich fragend an. Obwohl es ein Festmahl sein sollte, war die Stimmung gedrückt.

‚Ich werde nicht mehr lange bei euch sein, denn einer von euch wird mich verraten', sagte Jesus schließlich. Die Frauen und Männer erschraken. ‚Werde ich es sein?', fragte jeder den anderen. ‚Oder ich?' Jesus gab keine Antwort. Er sah nur sehr traurig zu Judas hinüber.
Der aber schlich sich später davon."

„Eigenartig", sagt die Mutter, „so lange habe ich mich nicht mehr mit der Bibel beschäftigt, aber diese Abendmahlsworte berühren mich doch. ... zur Vergebung eurer Schuld ..." Sie bricht ihren Satz ab. „Erzählen Sie bitte weiter!"

Jesus wird gefangen genommen

„Es war schon dunkel geworden. Jesus stand auf und ging nach draußen, hinaus vor die Tore der Stadt. Einige begleiteten ihn. Unterwegs redeten sie über das, was Jesus gesagt hatte.
‚Es wird dir nichts geschehen, wenn wir zu dir halten', sagte der Jünger Andreas.
‚Wenn es wirklich darauf ankommt', erwiderte Jesus, dann wird kein Einziger von euch zu mir halten.' Alle protestierten. Am lautesten Petrus: ‚Niemals! Ich halte zu dir! Ich folge dir sogar bis in den Tod.'
‚Ach, Petrus, vergiss nicht, was du jetzt versprichst. Denn noch ehe der Hahn kräht, wirst du mich drei Mal verleugnet haben.'
Sie kamen zu einem Garten, der Getsemani heißt. Dort blieb Jesus stehen. Er schaute sich ängstlich um.
‚Bleibt hier und wacht', flüsterte er. ‚Ich will mit Johannes, Jakobus und Petrus etwas abseits gehen und beten.' Als sie ein Stück weg waren von den anderen, sagte Jesus: ‚Ich habe Angst vor dem, was kommt. Betet für mich und euch. Nur eine Stunde!'

Jesus hob die Hände, rief zu Gott und klagte. Wäre es nicht dunkel gewesen, sie hätten sein angstbleiches Gesicht sehen können."

„Das ist ja richtig gruselig", sagt die Mutter. „Ich kriege eine Gänsehaut."
„Soll ich aufhören?", fragt der Maler.
„Nein, nein!", erwidert die Mutter. „Darf ich auch was fragen?"
„Natürlich!"
„Sie erzählen alles, als ob sie dabei gewesen wären. Sind denn die Einzelheiten so genau überliefert?"
Der Maler lacht und schüttelt den Kopf. „Wenn Sie die Evangelien lesen, in denen von Jesus von Nazaret erzählt wird, werden Sie recht unterschiedliche Beschreibungen finden. Jeder der Evangelisten hat weitererzählt, was er von Jesus wusste und wie er es aufgefasst hat. Ich mache aus den unterschiedlichen biblischen Erzählungen eine einzige. Meine Geschichte."
„Erzähl bitte weiter!", bettelt Laura und nimmt einen Schluck Tee. Der Maler schenkt den Eltern Wein nach und nickt Laura zu. Eine Weile ist es ganz still.
„Denkst du nach?", fragt Laura.
„Ja. Ich denke an die Angst, die Jesus gehabt haben muss. Er wusste, dass einige vom Hohen Rat ihm nach dem Leben trachteten. Er betete zu Gott: ‚Mein Vater, ist es möglich, dass ich verschont bleibe von dem Leiden? Wäre es doch möglich! Aber dein Wille soll geschehen.' Die Jünger waren inzwischen eingeschlafen und Jesus weckte sie unsanft: ‚Wie könnt ihr schlafen, während ich Todesängste ausstehe? Betet mit mir, das ist doch nicht zu viel verlangt!' Die Jünger erschraken und versprachen, jetzt wach zu bleiben. Doch kaum hatte sich Jesus abgewandt, schliefen sie wieder ein. Nach einer Stunde weckte er die drei abermals und war sehr enttäuscht. ‚Lasst uns gehen!', forderte er sie auf.
Am Eingang des Gartens waren Stimmen zu hören. Eine Schar Männer mit

Schwertern und Stöcken näherte sich. Es waren die Knechte des Hohen Rates. Judas führte sie. Er ging auf Jesus zu, umarmte und küsste ihn. Denn das hatte er mit den Männern als Zeichen verabredet.

Jesus schaute Judas traurig an: ‚Du verrätst den Freund mit einem Kuss?' Aber schon kamen die Knechte und fassten ihn und wollten ihm die Hände binden. In einer Geschichte wird erzählt, Petrus habe ein Schwert gezogen und einem der Männer das Ohr abgehauen. ‚Lass sein, Petrus', hielt ihn Jesus zurück. Er nahm das Ohr und heilte den Verletzten. ‚Denn wer zum Schwert greift, wird durch das Schwert sterben. Es ist alles so vorherbestimmt.'

Zu den Knechten gewandt sagte er: ‚Wie einen Räuber habt ihr mich im Dunkeln gefangen. Warum? Ich war täglich im Tempel. Da hättet ihr mich doch greifen können.'

Die Männer wussten darauf keine Antwort, sie führten Jesus ab.

Die Jünger verkrochen sich, denn sie hatten Angst, dass man sie auch festnehmen könnte. Nur Petrus folgte in einigem Abstand. Und Judas, denn er wollte doch dabei sein, wenn Jesus sich befreite und das große Wunder geschah."

„Er meinte: Jetzt würde Jesus zeigen, dass er stärker und mächtiger war als seine Feinde?", wundert sich Laura.

„Ich denke schon, dass er daran glaubte. Doch schnell merkte er, dass seine Rechnung nicht aufging. ‚Warum tut Jesus nichts? Warum wehrt er sich nicht?', fragte er sich immer wieder. Und als er erfuhr, dass Jesus zum Tode verurteilt war, bekam er Angst. Er wollte alles rückgängig machen und lief in den Tempel zu den Priestern und Ältesten.

‚Jesus ist unschuldig!', rief Judas. ‚Lasst ihn frei. Es ist alles meine Schuld.' Doch sie antworteten ihm: ‚Das ist nicht unsere Sache.'

Voller Verzweiflung warf Judas das Geld in den Tempel und lief fort. Eine große Unruhe erfasste ihn. ‚Was habe ich getan? Was habe ich getan?', hämmerte es in seinem Kopf. Er fand keinen anderen Ausweg, als sein eigenes Leben zu beenden."

Laura geht ganz nah an das Bild des Malers. „Der Judas auf deinem Bild sieht wirklich ganz verzweifelt aus. Ich glaube, er tut mir Leid."
„Mir auch", sagt der Maler.
Die Mutter schaut auf die Uhr. „Es ist Zeit für dich, ins Bett zu gehen, Laura", unterbricht sie den Erzähler. „Du kannst dich ja schon allein fertig machen, nicht wahr?"
Laura mault ein bisschen. „Aber Sie erzählen nicht weiter, wenn ich nicht dabei bin!", bittet sie.
Der Maler nickt. „Ehrenwort! Und nun schlaf schön."

Petrus verleugnet seinen Freund

Am nächsten Tag ist der Maler am Vormittag nicht da. Erst gegen Mittag kommt er zurück.
„Wo warst du?", fragt Laura ein bisschen vorwurfsvoll.
„Im Gottesdienst. Heute ist Feiertag, Karfreitag. Wenn du mit spazieren gehst, erzähle ich dir, woran wir Christen uns an diesem Tag erinnern."
Sie verabreden sich nach dem Essen.
Diesmal nehmen sie den Weg, der am Bach entlang führt. Hier ist der Boden weich und immer etwas feucht. Es riecht nach Erde. Ihre Schritte sind kaum zu hören.
„Nun will ich dir von Petrus erzählen. Das ist auch einer der Jünger, den ich lange nicht verstanden habe.

Jesus war also mitten in der Nacht gefangen genommen worden. Die Knechte brachten ihn in das Haus des Hohenpriesters Kaiphas. Es war kalt

und die Männer, die Jesus bewachten, zündeten sich ein Feuer im Hof an.
Auch Petrus rückte näher an die Feuerstelle um sich zu wärmen. Da sah
ihn eine Magd. ‚He, schaut mal. Das ist doch einer von den Jesus-Leuten!',
rief sie.
Petrus erschrak: ‚Nein, ich kenne diesen Mann nicht!'
‚Natürlich!', widersprach ein anderer. ‚Ich habe dich schon mit ihm ge-
sehen.'
‚Du verwechselst mich sicher', redete Petrus sich heraus.
Nach einer Stunde kam wieder ein Mann, sah Petrus an und sagte: ‚Du
gehörst auch zu diesem Jesus!'
‚Nein, bestimmt nicht!', beteuerte Petrus noch einmal.
In der Ferne krähte ein Hahn, denn es wurde langsam Tag. Da erinnerte
sich Petrus an die Worte Jesu: ‚Bevor der Hahn kräht, verleugnest du mich
drei Mal.' Der Jünger schämte sich, schlich davon und weinte."

„So ein Feigling!", empört sich Laura.
„Ich weiß nicht, ob ich mutiger gewesen wäre", erwidert der Maler. „Es
ging um Leben und Tod, das wusste Petrus. Vor einem Todesurteil hat
jeder Mensch Angst."

Jesus wird verurteilt

„Jetzt kam der schlimmste Tag. Sehr früh am Morgen wurde Jesus vor den
Hohen Rat gebracht und verhört.
‚Stimmt es, dass du dich Gottes Sohn nennst?', fragte ein Priester. Jesus
antwortete sehr geschickt und sagte: ‚Ihr sagt, dass ich es bin.' Er bejahte
die Frage nicht, aber er verneinte sie auch nicht. Verstehst du das?"
Laura schüttelt den Kopf.
„Jesus meinte damit, dass die anderen sagten, er wäre der Sohn Gottes. Er

selbst machte keine Aussage über seine Person. Doch das nützte ihm nichts. Denn die meisten Ratsmitglieder legten es so aus, wie sie es hören wollten. ‚Habt ihr gehört, er verspottet Gott!', rief ein Schriftgelehrter. ‚Mehr Beweise brauchen wir nicht! Er ist des Todes schuldig.' Die Abstimmung ergab eine Mehrheit für das Todesurteil. Weil aber nur die Römer jemanden zum Tode verurteilen durften, brachten sie Jesus zu dem römischen Stadthalter Pilatus.

‚Was habt ihr gegen diesen Mann vorzubringen?', fragte Pilatus.

‚Er hetzt das Volk auf, damit es dem Kaiser keine Steuern mehr zahlt', logen sie. ‚Und er behauptet, der König der Juden zu sein.'

Pilatus hatte überhaupt keine Lust, sich mit dieser Sache zu beschäftigen. Er hatte schon genug Ärger mit den Juden. Deshalb schickte er den Gefangenen und seine Kläger zu Herodes, dem jüdischen König."

Laura wundert sich: „Wieso ist da jetzt noch ein König?"

„Ja, die Juden hatten auch einen König, bloß hatte der nicht viel zu sagen. Er war vom römischen Kaiser abhängig. Herodes hat natürlich nichts entschieden, konnte er auch gar nicht. Er schickte den Gefangenen wieder zurück zum römischen Statthalter.

Doch Pilatus wehrte ab: ‚Ich finde keine Schuld an ihm. Wenn ihr nicht mehr Beweise habt, will ich ihn auspeitschen und dann frei lassen. Ich wüsste nicht, warum er des Todes schuldig sein soll."

„Und dann war Jesus frei?", fragt Laura.

„Nein, Pilatus ließ ihn trotzdem nicht frei. Vielleicht wurde er vom Hohen Rat sehr bedrängt, Jesus doch hinzurichten. Die Hohenpriester waren schließlich angesehene Leute in Jerusalem. Pilatus kam jedoch eine Idee, wie er sich vor einer eigenen Entscheidung drücken konnte.

Zu jedem Fest gab der Statthalter nämlich einen Gefangenen frei. Das wollte er auch diesmal wieder tun. Er führte zwei Gefangene vor das Volk: Jesus und Barabbas, der bei einem Aufstand einen Mann getötet hatte.

‚Wen soll ich euch freigeben?', fragte er.

Da riefen einige, die von den Gegnern Jesu geschickt worden waren: ‚Lass Barabbas frei! Kreuzige Jesus!'

Und die Menschen ließen sich anstecken und riefen: ‚Lass Barabbas frei! Kreuzige Jesus!'

‚*Ihr* wollt es so', antwortete Pilatus. ‚*Ich* habe nichts mit dem Tod dieses Mannes zu tun.'

Die römischen Soldaten führten Jesus weg…"

„Die römischen Soldaten sind auf deinem Bild, nicht wahr?", fragt Laura.

„Genau! Das hast du gut behalten", antwortet der Maler. „Komm, wir gehen nach oben und schauen uns das Bild gemeinsam an."

Laura blickt auf. Sie hat gar nicht gemerkt, dass sie inzwischen wieder an ihrem Haus angekommen sind.

„Hunger habe ich auch", sagt sie. „Meine Mutter hat schönen Kuchen gebacken. Sie gibt uns bestimmt welchen."

„Und ich koche Tee!"

Während der Maler in der Küche hantiert, rückt sich Laura den alten Korbsessel zurecht und macht es sich bequem. Sie ist ein Stück näher an die Staffelei gerutscht um das Bild besser betrachten zu können. Einiges hat sich verändert. Jesus trägt jetzt einen roten Umhang über der rechten Schulter. Die Gesichter der Soldaten sind gut zu erkennen. Manche lachen, als ob es ihnen Spaß machte, Jesus zu quälen. Einer spuckt ihm ins Gesicht. Laura schüttelt sich. „Schrecklich", denkt sie.

Als der Maler mit dem Tee kommt, fragt sie: „Was ist das für ein Umhang? Der sieht aus wie der Mantel vom König in meinem Märchenbuch."

„Ja, das soll auch ein Königsmantel sein." Der Maler hockt sich neben Laura und erklärt: „Die römischen Soldaten zogen Jesus an wie einen König. Aus Dornen hatten sie eine Krone geflochten und ihm aufgesetzt. ‚Gegrüßet seist du, König der Juden!', schrien sie, beugten ihre Knie vor ihm und lachten und schlugen ihn. Es ist schlimm, wenn man so grausam verspottet wird."

Dann schiebt er Laura mitsamt dem Sessel herum. Jetzt hat sie das Bild im Rücken.

„Lass uns eine kleine Pause machen, Laura", bittet er und gießt Tee ein. Während sie essen und trinken, schweigt der Maler. Auch Laura wagt nicht weiter zu fragen.

Durch das Atelierfenster scheint die Frühlingssonne. Sie wärmt Laura den Rücken. Als sie fertig sind, trägt sie das Geschirr in die Küche. Der Maler sitzt noch eine Weile und betrachtet sein Bild, das nun fast fertig ist.

„Schlimm war das", wiederholt er, „sehr schlimm … Und noch am selben Morgen wurde Jesus hingerichtet."

Laura betritt das Atelier. „Am Kreuz?"

„Ja, er wurde ans Kreuz geschlagen."

„Auf dem Bild sehe ich einen Berg mit drei Kreuzen." Laura zeigt auf den Hintergrund.

Der Maler nickt.

Jesus wird gekreuzigt

„Mit Jesus wurden noch zwei andere zum Tode verurteilte Männer gekreuzigt. Sie waren bei einem Aufstand dabei gewesen und hatten Menschen getötet. Ihre Kreuze standen rechts und links von ihm. Einer von den beiden höhnte noch: ‚He, ich denke, du bist Gottes Sohn', rief er. ‚Dann steig doch hinunter! Hilf dir und uns.'

Da sagte der andere: ‚Wir haben keinen Grund, uns über ihn lustig zu machen. Wir haben Böses getan. Er aber ist unschuldig.'

Manchmal denke ich, dass der andere Jesus gar nicht wirklich verspotten wollte. Schließlich ging es ihm genauso schlecht. Vielleicht war Jesus seine letzte Hoffnung auf eine Rettung."

Der Maler schweigt. Laura schaut mit großen Augen das Bild an.

„Wenn Jesus vom Kreuz heruntergekommen wäre, das wäre doch toll gewesen!", sagt sie schließlich. „Dann hätten alle Menschen geglaubt, dass er der Messias ist."

Der Maler schüttelt den Kopf. „Die Menschen hatten in der langen Geschichte des Volkes Israel schon viele Wunder Gottes erlebt, aber sie hörten trotzdem nicht auf ihn. Jesus ist nicht vom Kreuz gestiegen, sondern hat wie die beiden Verbrecher große Qualen gelitten."

„War jemand bei ihm von seinen Freunden?"

„Ja, viele waren gekommen, aber die meisten wagten sich nicht sehr nahe heran. Doch Maria, seine Mutter, und sein Jünger Johannes standen unter dem Kreuz. Jesus sagte zu Johannes: ‚Kümmere dich um sie, als wäre sie deine eigene Mutter.' Johannes versprach es."

„Hat Maria geweint?", fragt Laura.

„Bestimmt hat sie geweint. Johannes und die anderen sicher auch. Sie alle hatten Jesus sehr lieb", antwortet der Maler.

„Und Jesus?"

„Ich weiß nicht, ob man weinen kann, wenn man so grausam sterben muss, eher schreien. In der Bibel steht, dass Jesus laut geschrien hat – zu Gott: ‚Mein Gott, mein Gott, warum hast du mich verlassen?!' Die Menschen, die der Kreuzigung zusahen und es nicht verstanden hatten, fragten: ‚Was hat er gesagt?' Und das Wort ging von Mund zu Mund. Noch einmal schrie Jesus, dann verließen ihn die Kräfte endgültig. Jesus war tot. In diesem Moment verdunkelte sich der Himmel. Es blitzte und donnerte und die Erde bebte. Die Menschen erschraken. Einige riefen: ‚Wirklich, er ist Gottes Sohn gewesen!' Viele blieben und wachten unter dem Kreuz bis zum Abend."

„Ist die Geschichte jetzt zu Ende, wo Jesus tot ist? Das gefällt mir nicht."
Laura ist unzufrieden.
„Nein, nein!", tröstet sie der Maler. „Die Geschichte geht weiter. Das ist
es doch gerade!"
„Und? Wie geht sie weiter?", drängelt das Mädchen.

Jesus lebt

„In der Bibel wird von einem vornehmen Ratsherrn erzählt, der nicht für
die Verurteilung Jesu gestimmt hatte: Josef von Arimathäa. Er war ein Anhänger Jesu. Der ging am Abend zu Pilatus und bat: ‚Lass mich den Leichnam Jesu abnehmen und in meiner Gruft bestatten.' Pilatus erlaubte es.
Josef hatte für sich ein Grab gekauft, das wie eine Höhle in den Felsen ge-
hauen war. Das sollte nun für Jesus sein.
Weil der Ruhetag, der Sabbat, bald begann, mussten sich die Männer, die
Josef halfen, beeilen. Sie wickelten den Toten in Leinentücher, legten ihn
in die Gruft und verschlossen das Grab mit einem riesigen Felsstein.
Mindestens fünf Männer waren nötig, um den zu bewegen.
Am Abend saßen die Jüngerinnen und Jünger zusammen. Ich glaube, dass
sie ziemlich verzweifelt waren. ‚Was sollen wir nun tun?', fragten manche.
Besonders Maria Magdalena, die Jesus sehr lieb hatte, wollte sich nicht trö-
sten lassen. ‚Alles ging so schnell', sagte sie. ‚Wir haben nicht einmal seinen Leichnam einbalsamieren können, wie es Sitte ist.'
‚Wir warten den Sabbat ab und gehen gleich am ersten Tag der Woche zum
Grab', sagte Salome. Eine andere Maria, die Mutter des Jüngers Jakobus,
wollte auch mitkommen.
Am dritten Tag nach der Kreuzigung, als der Sabbat vorüber war, machten
sich die Frauen am zeitigen Morgen mit wohlriechenden Ölen auf den

Weg. Unterwegs fiel ihnen ein, dass ja ein riesiger Stein das Grab verschloss ...“

„Wie sollen sie denn den Stein vom Eingang wegbekommen!", rief Laura dazwischen.

„Das überlegten die Frauen auch. Doch als sie ankamen, trauten sie ihren Augen nicht. Das Grab war offen, der Stein stand neben dem Eingang.“

„Echt? Da hätte ich aber einen Schreck gekriegt!" Laura läuft ein Schauer über den Rücken.

„Die Frauen waren natürlich auch erschrocken. Sicher noch mehr als du“, fährt der Maler fort. „Ganz vorsichtig betraten sie die Gruft. Als sie Jesus nicht fanden, sondern nur die Tücher, in die sein Leichnam eingehüllt gewesen war, waren sie völlig ratlos.

‚Hat jemand den Toten gestohlen? Aber warum?‘, fragte Salome.

Da kamen plötzlich zwei Männer auf sie zu. Die trugen helle, leuchtende Gewänder. Die Frauen fürchteten sich vor ihnen.

‚Ihr sucht Jesus von Nazaret, den Gekreuzigten? Gott hat ihn auferweckt. Deshalb ist er nicht mehr hier. Jesus lebt. Geht und sagt es seinen Jüngern‘, hörten sie die Männer sagen und verstanden es nicht.

Sie liefen schnell weg. Nach einer Weile blieb Maria Magdalena atemlos stehen. ‚Das waren Engel. Ich spüre, dass sie die Wahrheit gesagt haben.‘

‚Ja, ich fühle es auch!‘, sagte Salome. Die Frauen beeilten sich, den anderen Jüngern die frohe Botschaft zu bringen.

Petrus, den sie als Ersten trafen, schüttelte den Kopf: ‚Das muss ich selbst sehen.‘ Er ließ alles stehen und liegen und lief zum Grab. Er fand es so vor, wie die Frauen gesagt hatten. Nur die Engel sah er nicht. Nachdenklich kehrte er zurück.

Am Abend saßen die Jünger beieinander und rätselten über das Erlebte. Plötzlich trat Jesus in ihre Mitte und grüßte sie: ‚Friede sei mit euch!‘ Sie sahen seine Wunden und erkannten ihn. Er setzte sich, bat um etwas zu essen und aß mit ihnen Fisch und Brot.“

Laura atmet tief durch, als wäre eine große Last von ihren Schultern gefallen. „Schön", flüstert sie.
Der Maler ist aufgestanden und blickt durch das Fenster über die Stadt.

Auf dem Weg nach Emmaus

„Manche der Jünger blieben nicht in Jerusalem. Sie sagten sich: ‚Was sollen wir hier noch, wenn Jesus tot ist? Lasst uns nach Hause gehen!'
Auch Kleopas und sein Freund verließen die anderen. Was die Frauen am Morgen erzählt hatten, konnten sie nicht glauben. Die beiden stammten aus Emmaus, einem kleinen Dorf bei Jerusalem. Sie wanderten die staubige Straße entlang, sprachen immer wieder von dem, was geschehen war, und klagten. Auch sie hatten gehofft, Jesus würde sie von der römischen Herrschaft befreien.
Plötzlich tauchte ein Fremder auf und fragte: ‚Worüber klagt ihr denn? Was erzählt ihr für Geschichten?'
Verwundert erwiderte Kleopas: ‚Ja, hast du denn nicht mitbekommen, was in Jerusalem passiert ist? Jesus von Nazaret, der Prophet, auf den viele ihre Hoffnung gesetzt hatten, ist hingerichtet worden. Einige Frauen fanden das Grab heute Morgen leer und behaupteten, Engel gesehen zu haben. Die hätten ihnen gesagt, Jesus sei am Leben. Aber wie kann das sein?'
Da sprach der Fremde: ‚Warum glaubt ihr den Frauen nicht? Ist nicht bei Gott alles möglich?'
Den beiden Männern stockte das Herz. Was war das für ein Mann, dass er so redete?
Bald darauf kamen sie in ihr Dorf und luden den Fremden ins Haus ein.
‚Bleibe bei uns, Herr', bat Kleopas. ‚Es wird schon Abend.' Der Mann nahm diese Einladung gern an und setzte sich mit ihnen zu Tisch.

Vor dem Essen sprach der Fremde das Gebet, nahm das Brot, brach es und teilte es aus. An der Art, wie er es tat, erkannten sie ihn: Es war Jesus! Sie sprangen auf, doch in diesem Moment verschwand er.

Die beiden waren nicht etwa traurig darüber, sondern sie freuten sich. Noch am selben Abend liefen sie zurück nach Jerusalem."

„Haben sie geglaubt, was die Frauen erzählt hatten?", will Laura jetzt wissen.

„Ja, nun wussten sie, dass Jesus lebt."

„Ich hätte es bestimmt sofort geglaubt!", sagt Laura.

Thomas kann es nicht glauben

Der Maler erwidert: „Viele seiner Jüngerinnen und Jünger taten das auch. Manche aber zweifelten, was ich ganz gut verstehen kann. Einer meinte sogar. ‚Also, wenn ich nicht seine Wunden an den Händen und Füßen gesehen und ihn angefasst habe, glaube ich es nicht.' Dieser Jünger hieß Thomas."

„Und hat Thomas Jesus gesehen?", fragt das Mädchen.

„Ja", sagt der Maler. „Es war wieder so ein Abend, wo die Jünger zusammen saßen. Alle Türen waren fest verschlossen. Denn sie hatten immer noch Angst vor den Gegnern Jesu. Da trat plötzlich Jesus in ihre Mitte. Er ging direkt auf Thomas zu und sagte zu ihm: ‚Hier, sieh meine Wunden, fass mich an.'

Thomas hat sich ziemlich geschämt und wollte ihn nicht berühren. Aber Jesus bestand darauf. Er sagte, dass es leicht sei zu glauben, was man gesehen hat. Aber nicht sehen und doch auf Gott vertrauen, das sei wichtig. Noch viele Male kam der Auferstandene zu seinen Freunden.

Später verbreiteten die Frauen und Männer die frohe Botschaft überall:

‚Jesus ist auferstanden. Er lebt. Mit dem Tod ist nicht alles vorbei.' Thomas auch, er soll bis nach Indien gegangen sein, um von Jesus zu erzählen."

Laura zieht ihre Knie bis ans Kinn. So kann sie besser nachdenken. Nach einer Weile hebt sie den Kopf: „Dann lebt Jesus ja immer, wenn er einmal auferstanden ist. Heute auch noch. – Dein Bild gefällt mir trotzdem nicht", sagt sie dann. „Es macht so traurig, obwohl so etwas Schönes passiert ist."
„Die Auferstehung ist schöner, da hast du Recht. Weißt du eigentlich, dass wir Christen sie heute noch feiern?"
„Die Auferstehung?"
„Ja, das Osterfest ist das Auferstehungsfest."
„Gehst du da zur Kirche?", fragt Laura.
„Natürlich. Willst du mit?"
Und ob sie will!

Den ganzen Sonnabend lässt sich Laura nicht bei dem Maler blicken. Erst am Ostermorgen klingelt sie sehr zeitig an seiner Wohnungstür.
„Ah! Bist du schon fertig?"
Anstelle eines Grußes streckt ihm Laura eine Pappe entgegen.
„Hier, ich habe dir was gemalt, damit du auch ein schönes Bild zu Ostern hast."
Es ist ein richtiges Osterbild: Die drei Frauen mit frohen Gesichtern, hell wie die Sonne die beiden Engel, das offene Grab und in Lauras schönster Schrift darüber: ‚Jesus ist auferstanden.'
„Das ist wirklich sehr schön!", sagt der Maler und winkt Laura herein.
„Ich war gestern auch fleißig. Schau!" Er öffnet die Tür zum Atelier. Die Morgensonne scheint in den Raum.
„Es sieht gar nicht mehr so düster aus", stellt Laura fest.

Ein heller Glanz liegt über dem Gemälde. Das Bild ist wie verzaubert.
Der Maler ist ans Atelierfenster getreten und schaut, in Gedanken versunken, über die Dächer.
„Hörst du die Glocken?", fragt er.

Dietlind Steinhöfel

Nicht nur Eier und Hasen

Geschichten über das Osterfest

Gedanken zum Text

Die Hauptperson des heutigen Osterfestes ist eindeutig der Osterhase. Er, der sicher zu Recht als Symbol der Fruchtbarkeit gilt, tritt jedes Frühjahr zur Freude der Kinder an, seinem Ruf gerecht zu werden.

Dennoch ist der Osterhase als „Oster-Traditions-Objekt" erst seit 100 Jahren unterwegs. Vorher hatte er zahlreiche Konkurrenten: im Elsass den Storch, in Hessen den Fuchs, in der Schweiz den Kuckuck und in Frankreich bis heute die aus Rom zurückgekehrten geflügelten Glocken. Wie mit der Gestalt des Weihnachtsmannes, der alle anderen Gabenbringer ablöste, schoben sich auch mit dem Osterhasen nach langer Zeit der christlichen Traditionen weltliche Hauptfiguren in den Mittelpunkt. `

Die Vermarktung des Hasenkults treibt seitdem erstaunliche Blüten.

Der sprichwörtliche Glaube an den Osterhasen (auch hier gibt es die Gleichsetzung mit dem Weihnachtsmann) mag ein harmloses Spiel mit dem magischen Weltverständnis kleiner Kinder sein. Doch nach der Entzauberung dieser Fiktion bleibt wenig. Was ist dann noch Ostern, wenn der Osterhase sich als Schwindel entpuppt?

Die Reduzierung auf die freundlichen Seiten des Brauchtums birgt die Gefahr der Sinnentleerung. Einige Geschichten dieses Kapitels erzählen vom Osterhasen, vom verdeckten und enttarnten Spiel, das dem anderen eine Freude bereiten will.

Ein weiteres wichtiges Oster-Requisit ist das Ei. Es gilt seit jeher als Sinnbild der Erneuerung des Lebens. In vielen Ländern der Erde gibt es zahlreiche Traditionen, die das Ei als Symbol der Fruchtbarkeit verehren. Schon vor 5000 Jahren haben die Menschen in China zum Frühlingsanfang bunt verzierte Eier verschenkt.

Das Eierbemalen gehört zu den ursprünglichen Traditionen der Vorosterzeit. Gerade für Kinder bieten sich viele Möglichkeiten, ihrer Freude am Gestalten Ausdruck zu verleihen. Die Vorsicht, die man dem kleinen Wunderwerk der Natur dabei entgegenbringen muss, ist für Kinder eine besondere Erfahrung und Herausforderung. So könnte die Vorosterzeit, ausgefüllt mit Geschichten, Naturbegegnungen und kreativen Ideen, auch eine Zeit der inneren Vorbereitung und Vorfreude sein.

Die großen Feste verbinden sich jedoch bei Kindern oft mit großen Erwartungen. Freude und tiefe Enttäuschung, wenn der erhoffte Besuch, das erwartete Geschenk nicht eintrifft, liegen dicht beieinander. Auch von diesen ambivalenten Gefühlen erzählen einige Geschichten in diesem Kapitel. Erzählungen über Kinder, die Ostern in einer Welt des Mangels erleben, können vielleicht die Konsumfixierung etwas relativieren. Andere Texte berichten von der Hoffnung auf einen neuen Anfang, vom Lebendigwerden der Osterbotschaft im Leben hier und jetzt.

Auch den Lesern dieses Osterbuches wünsche ich, dass die Freude über Ostern einen Satz aus dem Text „Ostervögel" wahr werden lässt: Das Leben bekommt Flügel.

Der Osterdonner

Es war an einem schönen, warmen Frühlingsmorgen, als diese Geschichte passierte. Genau gesagt, am Tag vor dem Osterfest.

Da kippte Jule den Becher um und der Kakao floss über den Frühstückstisch. Das war eine Bescherung! Der Kakao floss wie ein Fluss und dann tropfte er auf den Heiner.

Heiner war Jules Hase, ihr Kuscheltier, Jules Freund, der jede Nacht neben ihr auf dem Kopfkissen schlief. Jetzt hatte Jule ihn auf dem Schoß und sein weiches, sein seidiges, hellbraunes Fell hatte hässliche Flecken bekommen.

Am Tag vor Ostern ist das für den Hasen ein Unglück gewesen.

Jule weinte für ihn: „Armer Heiner", und „Ach, wie schrecklich!" und „Wie siehst du bloß aus!" und „Morgen wollten wir feiern!"

Jules Mutter sagte: „Hör auf, das ist doch nicht schlimm. Wir werden den Hasen waschen." Sie fasste ihn an den Ohren und ging mit ihm in den Waschkeller hinunter. Jule lief hinterher.

Die Mutter machte die Waschmaschinen-Bullaugentür auf und warf den Hasen hinein. Einfach so. Rein mit ihm. Und damit die Wäsche sich lohnte, stopfte sie allerlei hinterher. Vier weiße Strümpfe, ein hellblaues Staubtuch, einen Kissenbezug und eine Mütze. Alles zusammen rein und dann klappte die Bullaugentür zu. Waschpulver dazu, auf den Knopf gedrückt und los ging die Fahrt bei dreißig Grad.

Jule hockte sich vor das Fenster und sah Heiners Angsthasengesicht. Sie winkte ihm so, wie man winkt, wenn einer verreist, und sie rief auch: „Mach's gut!"

Nein, gut ging es dem Heiner jetzt wirklich nicht. Er wurde gewirbelt, gedreht und ihm wurde ganz schwindlig davon. Es sollte aufhören! Er wollte raus!

Die weißen Strümpfe kannten den Dreh. Sie fürchteten sich nicht mehr und versuchten, den Hasen zu trösten: „Dir passiert nichts, gleich ist es vorbei. Halt aus." Sie umarmten ihn und hielten ihn fest.

Die Mütze sagte zu Heiner: „Wir sind doch bei dir."

Endlich, endlich, stand die Maschine still. Jules Mutter klappte die Tür auf, holte die Strümpfe, die Mütze, das Staubtuch und den Kissenbezug aus der Waschhöhle, und Jule zog ihren Hasen heraus.

Nun musste er mit auf die Leine. Sie war draußen quer über den Rasen gespannt.

Jule reichte der Mutter zwei rote Klammern und die hängte den Hasen an seinen Ohren auf, genau in der Mitte zwischen den Strümpfen.

Jule stand unter der Leine und winkte: „Hallo, Heiner, geht es dir gut?"

Nein, gut ging es dem Heiner noch immer nicht. Zwar besser als in der Maschine, als in dem Wirbelsturmkarussell, aber gut ging es ihm nicht.

Die roten Klammern ziepten an seinen Ohren und überhaupt – er fand es so peinlich, auf dieser Wäscheleine hängen zu müssen.

Die Strümpfe fanden das nicht. Sie wiegten und schaukelten sich. Sie stießen den Heiner an: „Mach doch mit! Es macht Spaß!"

Das hellblaue Staubtuch winkte ihm von links außen: „Häng nicht so rum! Beweg dich, mein Lieber. Umso schneller bist du dann trocken!"

Nein, nein, das wollte der Plüschhase nicht. Er war schließlich kein hellblauer Lappen.

Bis Jule zu tanzen anfing. Sie tanzte unter ihm auf dem Rasen, sprang von dem linken Bein auf das rechte und drehte sich in einem Kreis.

Dazu sang sie: „Ich freue mich, weil morgen Ostern ist, ich freue mich, weil morgen Ostern ist!" Sie sang es so fröhlich, dass Heiner davon angesteckt wurde.

Er fing an, an der Leine zu tanzen, vor und zurück, vor und zurück. Und ganz leise, damit es die Strümpfe nicht hörten, sang er mit Jule mit: „Ich freue mich, weil morgen Ostern ist."

Bald fühlte der Hase sich besser. Die Sonne schien warm, er konnte ganz weit über den Gartenzaun schauen, und was am wichtigsten war: Jetzt war er trocken.

Jule rief ihre Mutter: „Ich möchte meinen Hasen Heiner wiederhaben!"

Die Mutter antwortete ihr: „Gleich nehm' ich ihn ab, ich muss nur noch den Osterkuchen anrühren!"

Als der Kuchen im Ofen war, rief Jule: „Ich möchte meinen Hasen Heiner wiederhaben!"

Die Mutter antwortete ihr: „Gleich hol ich ihn von der Leine. Ich muss nur noch die Backschüsseln abspülen!"

Als die Backschüsseln sauber im Schrank standen, rief Jule: „Ich möchte meinen Hasen Heiner wiederhaben!"

Die Mutter antwortete ihr: „Gleich geb' ich ihn dir. Will nur einen Moment meine Beine hochlegen!"

Als die Mutter sich ausgeruht hatte, rief Jule wieder. Aber die Mutter hatte immer noch keine Zeit. Sie hatte so viel zu tun, weil morgen das Osterfest war, und inzwischen war es schon spät am Nachmittag.

Da passierte es plötzlich. Es kam wie aus heiterem Himmel. Erst kam der Blitz und dann kam der Donner. Und dann regnete es. Ach, es regnete nicht, es goss von dem Himmel herunter, von dem eben noch der Sonnenschein gestrahlt hatte. Es goss und es goss.

Heiner, der Hase, die Strümpfe, das Tuch und der Kissenbezug und die Mütze wurden pitschnass. Sie tropften nur so von der Leine.

Jule, die sich untergestellt hatte, rief in den Regen: „Ich will meinen Hasen Heiner wiederhaben!"

Die Mutter kam aus dem Haus und sagte zu ihr: „Jetzt geht es nicht, Jule, jetzt ist er zu nass."

Am Abend, als Jule ins Bett gehen musste, war der Hase noch immer zu nass, und Jule musste ohne ihn schlafen.

Heiner, die Strümpfe, die Mütze, das Tuch und der Kissenbezug blieben auch während der Nacht auf der Leine. Der Wind wiegte sie alle. Hin und her und her und hin. Aber schlafen konnten sie nicht.

Da erzählten sie Frühlingsgeschichten, von Tulpen und Primeln, von Amseln und Schwalben und Veilchenduft. Sie erzählten die ganze Nacht und als der Morgen kam, als es hell wurde und die Amsel zu singen begann, war es Ostern.

Bald kam Jule nach draußen gelaufen. Sie rannte über den Rasen und rief: „Ich möchte meinen Hasen Heiner wiederhaben!"

Und dann wäre sie fast gestolpert. Auf dem Rasen, direkt unter der Leine und ganz genau unter dem Hasen haben fünf Ostereier gelegen.

Da hat die Jule gestaunt und gesagt: „Mein lieber Heiner, du bist vielleicht einer!"

Elisabeth Stiemert

Der Pfingstspatz

Viel weniger bekannt als der Osterhase ist der Pfingstspatz. Er legt allen Leuten am Pfingstsonntag ein Grashälmlein auf den Fenstersims, eines von der Art, wie er es sonst zum Nestbau braucht. Das merkt aber nie jemand, höchstens ab und zu eine Hausfrau, die es sofort wegwischt.

Der Pfingstspatz ärgert sich jedes Jahr grün und blau über seine Erfolglosigkeit und ist sehr neidisch auf den Osterhasen, aber ich muss ehrlich sagen, das mit den Eiern finde ich auch die bessere Idee.

Franz Hohler

Melanie sucht den Osterhasen

Melanie malt ein Osterbild. Bunte Eier malt sie und darüber Gras-halme, bis die Eier fast nicht mehr zu finden sind. Die Mama liest Zeitung und der Papa rührt den Kuchenteig.

„Wie viele Hasen gibt es?", will Melanie wissen.

„Och", sagt der Papa, „mindestens eine Million."

„Und woran erkennt man den Osterhasen?"

Die Mama legt die Zeitung fort.

„Der Osterhase hat bunte Pfoten", sagt sie. „Vom Eieranmalen."

Beim Gute-Nacht-Sagen wünscht Melanie sich was. Sie will in den Wald am Ostermorgen. Vielleicht trifft sie den Osterhasen.

„Du darfst aber nicht enttäuscht sein, wenn du ihm nicht begegnest", sagt der Papa. „Der Bursche ist ziemlich scheu."

Melanie nickt.

Am Ostermorgen fahren sie ganz früh los. Es ist noch still in der Stadt. Als die Sonne aufgeht, sind sie am Waldrand angekommen. Das Gras ist nass vom Tau.

„Psst!", sagt der Papa. „Leise! Wir bleiben ein Stückchen hinter dir. Vor großen Leuten erschrickt er sicher."

Da schleicht Melanie los. Eigentlich ist sie ja ängstlich. Aber vor lauter Aufregung vergisst sie das ganz.

„Lieber, guter Osterhase", flüstert sie, „mit der Hasen-Schnuppernase."

Doch das Bunte im Gras sind nur Blumen.

Und was da zwischen den Sträuchern davonhuscht, ist ein Vogel.

Ganz feines grünes Moos findet Melanie und ein leeres Schneckenhaus. Das steckt sie in die Tasche. Einmal entdeckt sie eine Höhle. „Bist du da drin?", fragt Melanie leise.

Doch in der Höhle liegt bloß eine alte Limodose.

Bald sind noch mehr Leute im Wald.

„Gehn wir zurück", sagt die Mama. „Bei dem Lärm triffst du den Osterhasen sicher nicht."

Melanie will nicht traurig sein. Sie hat ja auch das Schneckenhaus. So gehen sie zum Auto.

„Schaut!", schreit Melanie da plötzlich.

Auf der Kühlerhaube sind Pfotenabdrücke in Rot und Blau und Gelb!

„Er ist dagewesen – der Osterhase!"

Und auf dem Rücksitz des Autos findet sie wahrhaftig ein Nest mit bunten Eiern.

Gina Ruck-Pauquèt

Die Brüder

Es waren einmal zwei Brüder, ein großer und ein kleiner. Die gingen am Ostermorgen zusammen im Stadtwald spazieren.

„Ob der Osterhase schon unterwegs ist?", fragte der Kleine.

„Wer weiß!", sagte der Große; und er sah sich um, lief um den Busch und rief: „Nanu! Was liegt denn hier?"

„Ein Osterei!" Der Kleine hüpfte vor Freude und tat es in sein Körbchen. „Das erste hab' ich gefunden!", rief er stolz.

Der große Bruder nickte und guckte zum Weidenbaum. „Da ist noch eins!"

Der Kleine lief hin. „Zwei! Schon zwei habe ich!"

Der große Bruder nickte und wandte sich hinüber zur Krokuswiese. Blau und gelb leuchtete sie und was blinkte kunterbunt mittendrin?

„Ein Osterei! Noch eins! Schon drei habe ich entdeckt! Mein Korb ist bald voll!", jubelte der Kleine.

Der große Bruder nickte, ging ein Stück weiter und lehnte sich an den Brunnenrand, wo plötzlich purpurrot wieder ein Osterei winkte.

So liefen sie hin und her. Der Große spähte umher und der Kleine sammelte die Eier ein – bis er auf einmal stehen blieb.

Ich hab' so viel und mein Bruder hat nichts, dachte er und kullerte dem Großen ein Ei vor die Füße.

„Oh, ein Ei", rief der Bruder erstaunt.

„Nimm nur. Du hast es gefunden", meinte der Kleine verschmitzt und freute sich.

Der Große steckte das Ei in die Tasche. Sie waren aber noch nicht weit gegangen, da rollte wieder etwas auf den Weg.

„Oh, ein Ei", staunte der Große abermals; und der Kleine meinte: „Nimm! Es ist deins. Du hast es gefunden", und lachte und freute sich.

Der Große steckte auch dieses Ei in die Tasche. Insgeheim aber sagte er sich: Wenn das so weitergeht, schenkt mir der Kleine all seine Ostereier zurück. Und er bückte sich und rollte die Eier ins Gras. Dicht neben die Butterblume, die der Kleine gerade pflücken wollte.

„Ein Ei! Und noch ein Ei!", wollte der kleine Bruder rufen. Da stutzte er, guckte seinen Bruder streng an und sagte: „Du mogelst! Sie gehören dir. Ich hab' sie für dich versteckt!"

„Ja, wirklich?" Der große Bruder lachte. „Dann bist du auch ein Osterhase."

Er setzte sich auf einen Baumstumpf und teilte das erste Ei und die beiden Brüder aßen es gemeinsam.

Anne Geelhaar

Der Osterhase

Mutter bereitete das Abendessen vor. Plötzlich rief sie mich. „Gleich wird Vater kommen und ich bin noch nicht fertig", erklärte sie mir. „Geh bitte zum Bäcker und hole ein Brot." Sie drückte mir eine Mark in die Hand. „Und gib Acht, du bekommst noch Geld zurück."

„Was für ein Brot?", fragte ich.

„Der Bäcker weiß schon Bescheid", sagte Mutter. „Beeil dich, die Geschäfte schließen bald."

Unser Bäcker wohnte nur wenige Häuser weiter auf der gleichen Straßenseite. Er hatte sein großes Schaufenster für Ostern hergerichtet: In der Mitte ragte ein Berg von riesigen Pappeiern mit blauen und roten Schleifen. Ringsum, in allen Farben bunt durcheinander, lagen Schokoladeneier, Schaumeier, Zuckereier. Entlang der Scheibe standen abwechselnd Zucker- und Stoffküken. Den Hintergrund bildete ein Heer von Osterhasen, der Größe nach geordnet. Sie machten Männchen, hielten die Ohren aufgerichtet oder trugen kleine Kiepen.

Jedes Mal, wenn ich an dem Fenster vorüberkam, schaute ich die Osterhasen an. Wie gern hätte ich einen von diesen Papp-Osterhasen gehabt! Keinen großen, nur einen, den man so richtig in den Arm nehmen konnte. Schon oft hatte ich mir einen solchen Hasen gewünscht. Bekommen hatte ich nie einen.

„Dafür haben wir kein Geld", sagte Mutter, „Strümpfe sind wichtiger."

Ich betrat den Bäckerladen. Als ich an der Reihe war, verlangte ich mein Brot.

Die Frau des Bäckers schlug den Laib in dünnes Papier ein. Dann schaute sie mich fragend an. „Noch etwas, bitte?"

Ich schluckte, dann sagte ich rasch: „Und einen Osterhasen – den da." Dabei zeigte ich auf einen mittelgroßen, der auf dem Verkaufstisch stand.

Die Frau suchte eine Schachtel und verpackte den Osterhasen in grünem Papiergras. Endlich hatte sie das Päckchen fertig und reichte es mir.

Ich legte meine Mark auf den Tisch und klemmte mir Brot und Päckchen unter den Arm. Ich wollte mich umdrehen...

„Das ist aber zu wenig Geld", sagte die Frau.

Damit hatte ich nicht gerechnet. Ich druckste herum. Da fiel mir glücklicherweise ein, was ich schon oft gehört hatte, wenn andere Kinder einkauften. Und ich plapperte einfach nach. „Sie möchten bitte anschreiben." Dabei starrte ich der Frau fest in die Augen. Ich spürte, wie meine Stimme zitterte.

Verwundert schüttelte die Frau den Kopf. „Ihr lasst doch sonst nie anschreiben?" Dann trug sie aber doch den Betrag in das große Buch ein. Zu Hause versteckte ich die Schachtel mit dem Osterhasen unter meinem Bett, ehe ich Mutter das Brot in die Küche brachte.

„Das hat aber lange gedauert", beschwerte sich Mutter. „Wo ist das restliche Geld?", fragte sie und hielt die Hand auf.

Auch daran hatte ich nicht gedacht. In meiner Not verplapperte ich mich und sagte: „Die Frau hat es aufgeschrieben..."

Mutter verstand das anders: Der Bäcker hat uns ein Guthaben angeschrieben, so glaubte sie, und sie gab sich zufrieden.

Ich begriff nichts, ich fühlte mich nicht wohl. Deswegen wollte ich früh ins Bett. Kaum hatte Mutter mich ins Bett gebracht, holte ich die Schachtel hervor und wickelte den Hasen aus seinem Papiergras. Im Halbdunkel konnte ich den weißen Bauch und den braunen Rücken erkennen. Die rechte Hinterpfote war schwarz gefleckt. Eigentlich gefiel mit das Papptier gar nicht mehr so recht. Dennoch streichelte ich den Hasen und drückte ihn fest an mich. Darüber schlief ich ein.

Am nächsten Morgen wurde ich früher als sonst geweckt. Vater und Mutter standen neben meinem Bett. Aber sie wünschten mir keinen „Guten Morgen", sondern fragten streng: „Wo kommt der Hase her?"

Neben mir lag noch immer der Papphase. So rasch und unvorbereitet fiel mir keine Lüge ein. Ich stammelte Unverständliches, dann begann ich zu weinen.

„Gut", sagte Mutter, „die Schachtel stammt vom Bäcker. Dort wird man es mir wohl sagen können. Ich gehe und frage."

Ich weinte lauter, verzweifelt. Alles hätte ich gebeichtet...

Doch Vater befahl: „Zieh dich sofort an!"

Mutter und Vater verließen das Zimmer. Den Papphasen, das Papiergras und die Schachtel nahmen sie mit.

Nach einer Ewigkeit holten Vater und Mutter mich aus dem Zimmer. Vater war angezogen wie immer, wenn er zur Arbeit fuhr. Mutter trug die Hasenschachtel unter dem Arm. Ohne mit mir zu reden, führten sie mich aus der Wohnung, die Treppe hinab, bis vor den Bäckerladen. Dort gab Mutter mir das Päckchen.

Vater sagte: „Du hast den Osterhasen allein gekauft, nun bring ihn auch allein zurück. Wir warten hier."

So sehr ich mich auch sträubte, ich musste gehen. An den wartenden Kunden vorbei drückte ich mich in eine Ecke. Doch ich sah, wie Vater und Mutter mir von draußen drohten. Je länger ich wartete, desto mehr Kunden betraten das Geschäft.

Schließlich sprach die Frau des Bäckers mich an.

Ich trat nach vorn, reichte die Schachtel hoch und stotterte: „Den Osterhasen – den muss ich – den muss ich zurückgeben." Und dann ganz leise und schnell: „Den durfte ich nicht kaufen."

Die Frau nahm das Päckchen und stellte es unbesehen beiseite. Sie schaute mich sehr streng an. „Warte!", sagte sie. Umständlich holte sie das große Buch aus der Schublade und strich unsere Schuld aus.

Alle Kunden im Laden musterten mich.

Als ich das Buch zuklappen hörte, stürzte ich aus dem Laden. Draußen heulte ich laut auf. Aber niemand tröstete mich.

Mutter brachte mich nach Hause und Vater fuhr mit der nächsten Straßenbahn ins Büro. Von dem Osterhasen wurde kein Wort mehr geredet.
Zu Ostern bekam ich nichts. Erst im folgenden Jahr fand ich einen Papposterhasen unter dem Tisch. Er war so groß wie jener andere, den ich eigenmächtig gekauft hatte. Er hatte sogar einen schwarzen Fleck an der rechten Hinterpfote. Aber gemocht habe ich ihn nie.

Hans Peter Richter

Ostereier

Es war Karsamstag und noch früh am Morgen. Eine Frau und ein etwa dreizehnjähriger Junge gingen die Landstraße entlang. Die Frau war blass und mager, das Gehen schien ihr Mühe zu machen. Mager und blass war auch der Junge. Er trug einen leeren Rucksack.

Es war noch kein ganzes Jahr seit dem Ende des Zweiten Weltkrieges vergangen. Überall herrschten Not und Hunger. Die Frau und der Junge wollten wie so viele andere versuchen, auf den umliegenden Dörfern ein wenig Mehl oder Fett zu bekommen. Sie waren schon vor Tagesanbruch aufgestanden um bei den ersten „Hamsterern" zu sein. Aber bis jetzt war ihr mühseliger Weg ohne Erfolg geblieben.

Endlich hatte eine Bäuerin Mitleid mit den beiden. „Kommt herein", sagte sie, „und ruht euch ein wenig aus. Mitgeben kann ich euch aber nichts, es waren in der Woche schon zu viele da."

Die Frau seufzte, aber sie war doch dankbar für eine kurze Rast. So setzten sich der Junge und seine Mutter nebeneinander auf die Eckbank. Die Bäuerin stellte vor die beiden Milch auf den Tisch und legte zwei Stück Brot dazu. Sie dankten und aßen und tranken ganz langsam, um möglichst lange etwas davon zu haben.

Inzwischen hantierte die Bäuerin am Herd. Aus einem großen Topf fischte sie Eier, über die sie dann kaltes Wasser laufen ließ. „Die sind für morgen", meinte sie ein wenig verlegen, „für den Korb, in dem wir die Sachen zur Speisenweihe tragen. Brot und Salz und Geräuchertes – und eben Eier. Ich hab' sie mit Zwiebelschalen gefärbt. Etwas anderes gibt es ja nicht."

„Ich könnte sie anmalen", sagte der Junge.

„Was?", fragte die Bäuerin erstaunt. „Kannst du denn das?"

„O ja", meinte die Frau ganz eifrig, „er ist sehr geschickt in solchen Sachen. Wenn es nach ihm ginge, würde er den ganzen Tag malen. Aber das bringt ja leider nichts ein, und das, was man dazu braucht, bekommt man nicht zu kaufen. Eier hat er allerdings noch nicht bemalt – wo sollten wir sie denn auch hernehmen! Aber er wird sich ganz große Mühe geben – was, Georg?"

Der Junge antwortete nicht. Er zog ein Schächtelchen aus der Hosentasche, in dem einige kümmerliche Stummel von Buntstiften lagen. „Mehr Farben hab' ich nicht", sagte er leise.

Die Bäuerin lachte. „Dann versuch dein Glück", sagte sie und reichte ihm ein Ei.

Der Junge nahm es behutsam entgegen. Und dann begann er zu malen. Erst zitterte seine Hand ein wenig und die bunten Blumenkränzchen, die er rundherum anbrachte, wurden nicht ganz regelmäßig. Aber sie sahen trotzdem nett und lustig aus. Beim nächsten Ei wurde der Junge schon sicherer. Er verzierte es mit Sternen und Kreisen und kleinen Vierecken und in jeden Kreis und in jedes Viereck malte er eine winzige Blume. Und dann kam der Junge erst richtig in Schwung und Begeisterung. Er malte kleine Küken, die einander nachliefen, Hasen, die Männchen machten, Käfer, Schmetterlinge und Häuschen mit grünen Bäumchen dazwischen. Die Frau bekam vor Freude und Stolz ein ganz rosiges Gesicht und die Bäuerin sagte nur immerzu: „Nein, so was, nein, so was."

Das sagte auch die Nachbarin, die auf einen Sprung vorbeikam. Und sie meinte, der Junge solle doch zu ihr herüberkommen, wenn er hier fertig sei. Er brauche es nicht umsonst zu tun, nein, und seine Mutter solle nur auch mitkommen.

Es sprach sich schnell herum im Dorf, dass da ein Junge sei, der es wunderbar verstehe, Eier anzumalen. Die beiden gingen von Haus zu Haus, überall bekamen sie zu essen und zu trinken. Und sie wurden so satt wie schon seit Monaten nicht mehr. Und in jedem Haus stopfte man ihnen etwas in den Rucksack – er wurde richtig prall von all den Dingen, die man plötzlich so freigiebig spendete. Als dem Jungen die Farbstifte ausgingen, waren plötzlich neue da – eine ganze Schachtel voll, die man ihm mit vielen freundlichen Worten schenkte.

Als die Frau schließlich sagte, sie müssten sich nun wirklich auf den Heimweg machen, nahm ein Bauer sie und den Jungen ein Stück weit auf dem Milchfuhrwerk mit. Da saßen sie bei den scheppernden Kannen, den vollen Rucksack neben sich, und waren sehr müde und sehr glücklich. Am glücklichsten aber war der Junge.

Marina Thudichum

Tino und das Osterei

Tino nimmt einen Kochtopf.
Er gießt Wasser hinein.
Er stellt den Topf auf die Kochplatte.
Er legt ein Ei in den Topf.
Er lässt das Ei kochen, bis es hart ist.
Er schüttet rotes Farbpulver in das Wasser.
Das Ei wird ein rotes Osterei.
Tino nimmt eine Speckschwarte.
Er reibt das Osterei, bis es glänzt.
Tino nimmt ein Taschenmesser.
Er kratzt feine, weiße Muster in die rotgefärbte Schale:
Wellen, Punkte, kleine Sonnen.
Vögel, die hüpfen, und Vögel, die fliegen.
Ein Lämmlein mit Ringellocken.
Drei winzige Küken, eines davon mit einem Wurm im Schnabel.
Den Wurm sieht man kaum mehr, so fein ist er gekratzt.
Tino denkt: Vorher war das Ei so klein. Aber wenn man es verziert,
merkt man erst, wie groß es ist.
Jetzt ist das Osterei fertig. Tino schenkt es Tina.
Tina schaut das Ei an.
„Schön", sagt Tina.
„Danke", sagt Tina.
Und dann schält sie das Ei und isst es auf.
Tino schreit. „Ich habe dir ein Osterei geschenkt und du isst es auf!"
„Was hätte ich sonst damit tun sollen?", fragt Tina.

Lene Mayer-Skumanz

Ostervögel

Ich habe Ostervögel gebastelt, große und kleine,
aus Styropor und Federn und allerlei Resten.
Sie wiegen sich auf Flügeln aus Seidenpapier,
spreizen die bunten Fächerschwänze
und schweben an feinen Fäden von der Decke herab.
Such dir den Schönsten aus!
Für einen kleinen Ostervogel genügt ein Palmkätzchenzweig,
aber den großen musst du vors Fenster
über den Schreibtisch hängen!
Lass ihn dort fliegen bis Pfingsten,
den Freudenvogel, den Sehnsuchtsvogel,
den Hoffnungsvogel, den Lebensvogel.
Er ist aus dem Ei gekrochen
wie aus der dämmrigen Höhle,
wie aus dem dunklen Grab,
und hat im Licht die Flügel gebreitet.
Das Leben bekommt Flügel, das ist es,
was dir mein Ostervogel sagt.

Lene Mayer-Skumanz

Wie Mario Ostern erlebte

Er hatte so lange gebettelt, bis sie doch mitgegangen waren.

Im vorigen Jahr hatten sie ihn zum ersten Mal zur Feier der Osternacht mitgenommen. Er hatte diese Nacht das ganze Jahr lang nicht vergessen. Damals vor einem Jahr war alles noch anders gewesen. Damals waren die Streitigkeiten zwischen seinen Eltern zwar oft aufgebrochen, hatten sich aber wieder beruhigt und immer wieder hatte es eine Versöhnung gegeben. Und Mario hatte geglaubt, dass Streit und lautes Schreien einfach zu seinen Eltern gehörte, Teil von ihnen war, damit die Versöhnung anschließend inniger und herzlicher würde. Er hatte auf diese Augenblicke der Versöhnung gewartet und war glücklich, wenn sie dann eintraten. Glücklich, weil sie alle drei dann wieder eine Einheit waren, Vater, Mutter und er. Aber im letzten Jahr war die Versöhnung ausgeblieben. Sein Vater ging schweigend fort und kam ebenso zurück, sprach mit der Mutter nur das Allernötigste und blieb seit einigen Wochen auch tagelang ganz außer Haus. Seine Mutter wurde auch immer schweigsamer.

Und Mario spürte, dass etwas zwischen ihnen war, das sie nicht ausräumten, das die Versöhnung aussichtslos machte. Doch sie sprachen mit ihm nicht darüber. Hilflos stand er ihren Auseinandersetzungen und ihrem Schweigen gegenüber. Er war viel allein in seinem Zimmer, lauschte ängstlich, was geschah, wenn der Vater heimkam. Er versuchte, nichts zu hören, und hörte es doch, was zwischen seinen Eltern jetzt so häufig geschah: Schreien, Weinen, Türenknallen und Schweigen. Endloses Schweigen.

Vor einigen Wochen hatten sie mit ihm gesprochen. Das Wort Trennung, das er aus manchen Streitigkeiten der Eltern, im Zorn ausgestoßen, bereits kannte, wurde ihm nun ganz sachlich und ruhig erklärt. Zu sachlich.

Zu ruhig. Er sollte sich auch entscheiden dürfen, zu wem von ihnen er gehen möchte. Wer ihm bliebe und wer von ihm fortging. Alles sollte er ganz allein entscheiden, weil sie ihn, wie sie sagten, beide so liebten.

Er blickte sie mit traurigen Augen an und konnte sich nicht entscheiden. Wie sollte er auch! Er hatte doch beide so lieb und wollte bei beiden bleiben. Sie setzten ihm schließlich eine Frist. Samstag nach Ostern.

Und weil sie wohl spürten, wie schwer ihm das alles war, gaben sie schließlich nach und gingen mit ihm in der Nacht vor Ostern zur Kirche, beide. Er fühlte, dass keiner von beiden gern mitging. Aber weil sie ihn lieb hatten, sagten sie ja. Sich selbst hatten sie nichts mehr zu sagen.

Schweigend standen sie um das Osterfeuer vor der Kirche. Er stand zwischen ihnen und spürte die Wärme, die von ihnen ausging. In dieser Wärme hatte er sich bisher immer wohlgefühlt, hatte sich in sie hineingekuschelt, hatte sich von ihr tragen und bergen lassen, war in ihr geborgen gewesen.

Sie standen nebeneinander und berührten sich nicht. Aber er stand zwischen ihnen, spürte beide und war Teil von ihnen, Brücke von seinem Vater zu seiner Mutter. Eine Brücke, die sie wohl kaum bemerkten, begriffen.

Gemeinsam zogen dann alle in die dunkle Kirche ein.

Er drängte sich an beide und sie gaben ihm ihre Hände. Er ging zwischen ihnen. So war es bisher immer gewesen. Die Mutter an einer Hand, den Vater an der anderen. Voriges Jahr war es genauso gewesen.

Und jetzt? Er drückte die Hände seiner Eltern fester. Der Druck seiner rechten Hand war genauso stark wie der Druck seiner linken. Er spürte, dass sie ihm den Händedruck zurückgaben. Beide haben ihn lieb. Aber weiter als zu ihm reichte es nicht, nicht mehr. Als die Osterkerze angezündet wurde, ging die Freude, die dieses kleine Licht auslöste, auf alle über. Mario fühlte sich von dieser Freude mitgetragen, die alle erfasste, die um ihn herumstanden. Es war wieder Ostern!

Sie nahmen die Kerzen und gaben das Licht, das von der dicken Osterkerze ausging, weiter. Immer mehr Kerzen brannten. Immer heller wurde es in dem Gotteshaus. Die Orgel spielte. Ein Osterlied erklang, in das alle freudig einstimmten. Als seine Kerze brannte, wollte er das Licht weitergeben. Aber wem zuerst? Seiner Mutter? Seinem Vater? Beide blickten ihn an. Sie würden es als Zeichen nehmen, befürchtete er.

So hielt er das brennende Licht vor sich, schaute beide an und war nicht fähig, es weiterzureichen. Sie hielten ihre Kerzen in der Hand. Sie brannten nicht, warteten auf das Licht, das angezündet werden sollte, weil doch jetzt Ostern war. Endlich sahen sie sich beide an, blickten sich in die Augen und kamen dann mit ihren Kerzen zusammen auf Marios Kerze zu. Und gleichzeitig zündeten sie die Kerzen an seiner Kerze an.

„Fröhliche Ostern!", sagten sie leise und legten ihre Arme um ihn, drückten ihn an sich, beide zur gleichen Zeit. Und weil sie so eng beieinander standen, mussten sie sich berühren. Bewegungslos stand Mario zwischen ihnen und schützte sein Licht ganz behutsam mit seinen Händen.

Wenn diese Osternacht doch nie zu Ende ginge!

Rolf Krenzer

Danklied

Wir leben und wir lachen.
Wir können Blödsinn machen.
Wir können Rollschuh laufen,
uns streicheln oder raufen.
Wir haben Spaß und Trauer,
sind fröhlich oder sauer.
Wir lernen oder spielen,
erfahren von so vielen
und wundervollen Dingen.
Ein Danklied woll'n wir singen,
dem Gott, dem wir mit allem,
was an uns ist, gefallen.

Dietlind Steinhöfel

Gebet zu Ostern

Jesus, Ostern ist für Kinder
ein so fröhliches Fest.
Aber deine Auferstehung,
die kann ich mir nicht vorstellen.
Wie traurig deine Jünger
und Jüngerinnen waren,
das verstehe ich gut.
Und ich werde wütend,
wenn ich von deiner Kreuzigung lese.

Was Ostern geschehen ist,
verstehe ich nicht.
Manchmal denke ich,
deine Auferstehung ist
wie der kommende Frühling,
wie die wärmende Sonne
auf meiner Haut, auf der Erde.
Alles wird neu durch sie.

Aber wenn mich jemand fragt,
wie du von den
Toten auferstehen konntest,
weiß ich keine Antwort.

Dietlind Steinhöfel

Zum Osterfest

Wir wünschen euch zum Osterfest,
dass ihr mit Freuden seht,
wie alles, weil's der Himmel will,
wahrhaftig aufersteht.

Das Dunkle weicht, das Kalte schmilzt,
erstarrte Wasser fließen,
und duftend bricht die Erde auf,
um wieder neu zu sprießen.

Wir alle müssen eines Tags
von dieser Erde gehn.
Wir werden, wenn's der Himmel will,
wie Ostern auferstehn.

Eva Rechlin

Autoren- und Quellenverzeichnis

Nachstehenden Autoren und Verlagen danken wir für die freundlich erteilte Abdruckerlaubnis:

Arnold, Katrin
   Tobi findet den Frühling S. 22, © bei der Autorin

Becker, Antoinette
   Großmutter stirbt S. 64, aus: „Ich will etwas vom Tod wissen", © bei der Autorin
Bolliger, Max
   Worüber wir staunen S. 101, © beim Autor

Dierks, Hannelore
   Eine Primel, ein Turnbeutel, eine weiße Papierblume S. 55, aus: „Manchmal kann ich fliegen", © bei der Autorin

Faber du Faur, Irmgard
   Der graue Himmel S. 78, © Irene Mannheimer
Fath, Gretel
   Auch ein Leben S. 42, aus: Domay, „Vorlesebuch Symbole", Verlag Ernst Kaufmann, Lahr und Butzon & Bercker, Kevelaer
Fuchs, Ursula
   Gänseblümchen S. 30, aus: „Ein Lebkuchenherz aus München", © bei der Autorin

Geelhaar, Anne
   Die Brüder S. 173
Goethe, Johann Wolfgang von
   Gefunden S. 33
Guggenmos, Josef
   Februar S. 13; Warum die Hasen lange Ohren haben S. 79, © beim Autor

Haberhausen, Heribert
   Dem Licht entgegen S. 94; Frühling auf dem Friedhof S. 91; Im Himmel S. 112; Wunder der Wüste S. 129, aus: Geschichtenbuch Religion 1/2, Patmos Verlag, Düsseldorf 1999
Hanisch, Hanna
   Das Pusteblumen-Fest S. 34, © bei der Autorin

Hohler, Franz
Der Pfingstspatz S. 170
Holtermann, Mechthild
Opa ist gestorben S. 68, aus: Domay, „Menschenzeit–Gotteszeit", Verlag Ernst Kauf-
mann, Lahr

Kleberger, Ilse
Frühling S. 37, © bei der Autorin
Krenzer, Rolf
So einer war Thomas S. 95; Wie Mario Ostern erlebte S. 184, © beim Autor
Krüss, James
Der verwandelte Schneemann S. 14, © Kirsten Rickmers-Liebau, Uetersen
Kuhn, Christoph
Der Gartenstuhl S. 59, © beim Autor

Marti, Kurt
Wenn ich gestorben bin S. 93, aus: Kurt Marti, Werksauswahl in fünf Bänden. Aus: Na-
menszug mit Mond, Gedichte, © 1996 Verlag Nagel & Kimche AG Zürich/Frauenfeld
May, Hans
Der Tod des Vaters S. 69, aus: Steinwede, Vorlesebuch Religion 1, Verlag Ernst Kauf-
mann/Vandenhoeck & Ruprecht/Patmos/TVZ
Mayer-Skumanz, Lene
Die Katze im Himmel S. 110; Ostervögel S. 183, aus: „So gut möcht ich hören können",
Patmos-Verlag, Düsseldorf 1989; Tino schaut weg S. 85; Tino sucht den lieben Gott S.
103; Tino und das Osterei S. 182, © bei der Autorin

Pausewang, Gudrun
Sascha und Elisabeth S. 43, aus: „Frieden kommt nicht von allein", © by Ravensburger
Buchverlag 1982; Sie ist doch meine Freundin S. 62, © bei der Autorin

Rechlin, Eva
Wie der Frühling kommt S. 24; Zum Osterfest S. 189, © bei der Autorin
Reisner, Stefan
Ein Tisch allein S. 83
Richter, Hans-Peter
Der Osterhase S. 175 aus: „Ich war kein braves Kind", © Leonore Richter-Stiehl
Ruck-Pauquèt, Gina
Bis morgen Melanie S. 86; Derselbe Sommer kommt nicht wieder S. 13; Gras unterm
Schnee S. 19; Melanie sucht den Osterhasen S. 171; Pi, Pa, Pu S. 117, © bei der Autorin

Schupp, Renate
  Etwas Unwiderrufliches S. 50, aus: Domay, „Vorlesebuch Symbole", Verlag Ernst Kaufmann, Lahr und Butzon & Bercker, Kevelaer
Schütz, Gisela
  Tod S. 104, aus: Steinwede, „Vorlesebuch Religion 3", Verlag Ernst Kaufmann/Patmos/Vandenhoeck & Ruprecht/TVZ
Spohn, Jürgen
  Honig S. 82, aus: „Ja, ja", Annette Betz Verlag; Mein Himmel S. 111, aus: „Ach so", Bertelsmann Verlag, © Barbara Spohn
Steinhöfel, Dietlind
  Danklied S. 187; Der alte Griesgram und das Kätzchen S. 126; Der Baum und das Schneeglöckchen S. 17; Die Geschichte des Malers S. 136; Gebet S. 71; Gebet zu Ostern S. 188; Sascha verliebt sich S. 114; Vom Trösten S. 77; Wo ist Gott, wenn jemand stirbt? S. 90, © bei der Autorin
Steinwart, Anne
  Es frühlingt S. 25; Leichte und schwere Fragen S. 76; Simsalabim S. 30, © bei der Autorin
Stiemert, Elisabeth
  Der Osterdonner S. 166 aus: „Ich hör so gern Geschichten", dtv junior, 1988, © bei der Autorin
Strube, Hans-Heinrich
  Wo ist der Himmel? S. 106, aus: „Der sprechende Esel", 1983, © beim Autor

Thudichum, Marina
  Ostereier S. 179

Wiemer, Rudolf Otto
  Entwurf für ein Osterlied S. 130, aus: „Ernstfall", J. F. Steinkopf Verlag, Stuttgart
Wölfel, Ursula
  Die Geschichte vom schönen neuen Schmetterling S. 113, © bei der Autorin

Zöller, Elisabeth
  Fragen S. 97, aus: Zöller/Wittkamp, „Mein kleines Buch von mir und Gott", Bernward bei Don bosco, 1989